Economic Profit e Gestão Baseada no Valor

Economic Profit e Gestão Baseada no Valor

COMO MEDIR E GERIR A CRIAÇÃO DE VALOR FINANCEIRO SUSTENTÁVEL E DE LONGO PRAZO NUMA EMPRESA SEM SE DEIXAR ENGANAR PELO EBITDA OU RESULTADO LÍQUIDO

2021

Jorge Farinha

ALMEDINA

ECONOMIC PROFIT E GESTÃO BASEADA NO VALOR

AUTOR
Jorge Farinha

EDITOR
EDIÇÕES ALMEDINA, S.A.
Rua Fernandes Tomás, n.os 76, 78 e 79
3000-167 Coimbra
Tel.: 239 851 904 · Fax: 239 851 901
www.almedina.net · editora@almedina.net

REVISÃO
Sofia Moura

CAPA
Edições Almedina

ISBN
9789724082653

PAGINAÇÃO
Aresta Criativa – Artes Gráficas

IMPRESSÃO E ACABAMENTO
???????

1.ª edição: fevereiro, 2021

DEPÓSITO LEGAL
???????

AGRADECIMENTOS

Uma palavra especial de agradecimento em primeiro lugar à minha família, que sempre foi compreensiva com a minha dedicação, talvez excessiva, às muitas tarefas de ensino, investigação e outras que retiraram valioso tempo familiar, mas que sempre manifestou um máximo de compreensão.

Em segundo lugar, o meu reconhecimento ao inestimável contributo que, ao longo dos anos, os meus alunos, participantes em cursos sobre este tema na Porto Business School e empresas com as quais tive o privilégio de interagir sempre me trouxeram. Os seus comentários, críticas e sugestões pertinentes em muito auxiliaram o aprimoramento da minha reflexão sobre estes assuntos.

Sem o contributo de todos, este livro não existiria.

Porto, dezembro de 2020

ÍNDICE

1.

Introdução

A Importância do Valor na Gestão de Empresas, nos Investimentos Financeiros e na Análise do Desempenho Económico-Financeiro

Atualmente, um número considerável de grandes empresas mundiais dedica uma parte do seu relatório e contas anual à discussão da capacidade de geração de valor reportada durante o exercício findo. Um desses exemplos é a farmacêutica alemã Bayer, que no seu relatório de 2018 apresentava o seguinte quadro:

Tabela 1.1 – Reporte de Criação de Valor pela Bayer AG (2018)

Relatório Anual Bayer 2018
Desempenho de Criação de Valor por Segmento

	Farmacêutica		Saúde do Consumidor		Ciências da Agricultura		Saúde Animal		Grupo	
	2017	2018	2017	2018	2017	2018	2017	2018	2017	2018
	milhões €	milhões €	milhões €	milhões €	milhões €	milhões €	milhões €	milhões €	milhões €	milhões €
EBIT[1]	4,325	3,213	518	(2,077)	1,235	3,138	307	312	5,903	3,914
Taxes[2]	(1,038)	(771)	(124)	498	(296)	(753)	(74)	(75)	(1,417)	(939)
NOPAT[3]	3,287	2,442	394	(1,579)	939	2,385	233	237	4,486	2,975
Average capital employed[4]	15,630	14,721	14,404	12,278	9,814	37,614	495	623	41,600	67,537
ROCE[5]	21.0%	16.6%	2.7%	(12.9)%	9.6%	6.3%	47.1%	38.0%	10.8%	4.4%
WACC[6]	6.9%	6.7%	6.9%	6.7%	6.9%	6.7%	6.9%	6.7%	6.9%	6.7%

1 EBIT: Earnings Before Interest and Taxes (Resultados Operacionais antes de Juros e Impostos)
2 Taxes: Impostos sobre os lucros (24%)
3 NOPAT: Net Operating Profit After Taxes (Resultados Operacionais depois de Impostos, ou EBIT x (1-T) em que T = Taxa de imposto sobre lucros)
4 Average Capital Employed: Média do Capital Empregue (Capital Empregue: soma da Dívida remunerada com o Capital Próprio)
5 ROCE: Return on Capital Employed (Rentabilidade do Capital Empregue, i.e., NOPAT/Capital Empregue)
6 WACC: Weighted Average Cost of Capital (Custo Médio ponderado do Capital Próprio e da Dívida)

Fonte: Relatório e Contas da Bayer AG, 2018 (traduzido e adaptado)

A introdução pela Bayer AG das métricas de desempenho acima apresentadas sucedeu em 2016, tendo a empresa justificado essa introdução nos seguintes termos:

«A partir do ano fiscal de 2016, a Bayer decidiu substituir as suas métricas anteriores de criação de valor – cash-value added *(CVA) e* cash flow return on investment *(CFROI) – pela rentabilidade do capital empregue (ROCE, Return on Capital Employed). A mudança foi feita devido à muito menor complexidade e maior popularidade externa do ROCE. O uso desse indicador, portanto, aumenta a transparência e facilita a comunicação e a comparabilidade externa. O ROCE indica o retorno de capital durante um período especificado, representando o lucro económico em relação ao capital usado para o gerar (capital empregue). O ROCE é comparado com o custo médio ponderado de capital (WACC [1]), que corresponde ao retorno esperado pelos financiadores de capital próprio e de dívida. Se o ROCE estiver alinhado com o WACC, o retorno esperado para o período foi alcançado. Se exceder o WACC, as expectativas de retorno foram excedidas e, portanto, foi criado valor.»*

Fonte: Relatório e Contas da Bayer AG, 2016, adaptado e traduzido

Para além da sua potencial utilização na esfera do controlo de gestão e da tomada de decisões nas empresas, também o conceito de Economic Profit (ou «Lucro Económico») pode assumir relevância no mundo dos investimentos financeiros. Por exemplo, no seu prospeto de 28 de janeiro de 2016, o Fundo de investimentos Centre American Select Equity Fund descrevia a sua estratégia de investimento nos seguintes termos:

«O Fundo segue uma forma disciplinada de análise do valor económico acrescentado (EVA)[2] para selecionar investimentos. Essa abordagem focaliza-se nos fundamentos de criação ou destruição de valor de uma forma semelhante à maneira como um financiador corporativo tradicional e focado no longo prazo dos aspetos do negócio avaliaria o valor de uma empresa. No curto prazo, os mercados geralmente subestimam ou sobrevalorizam a capacidade de uma empresa em criar ou destruir valor acionista. Essa abordagem procura identificar e explorar

[1] WACC = Weighted Average Cost of Capital (Custo Médio ponderado do Capital).
[2] EVA®, ou Economic Value Added (Valor Económico Acrescentado), é uma marca registada de serviços da sociedade EVA Dimensions LLC. Conforme será desenvolvido no Capítulo 3, esse conceito corresponde no essencial ao de Economic Profit que se discutirá ao longo desta obra.

essas oportunidades de investimento. A estratégia procura capturar o excesso de retorno quando o preço de mercado de uma ação converge para o preço-alvo estimado pelo Fundo.»

Fonte: Prospeto de 28 de janeiro de 2016 do Centre American Select Equity Fund

Conforme será desenvolvido em detalhe no Capítulo 3, existe um paralelismo entre o conceito de EVA-Economic Value Added referido acima e a noção de Economic Profit a que nos referimos já anteriormente. A ilustração acima relativa a este Fundo de Investimento revela assim também que a utilização da noção de Economic Profit não se encontra limitada à esfera da gestão de empresas, mas é por vezes igualmente adotada ao nível dos investidores e gestores de ativos financeiros.

Um exemplo adicional da utilização do Economic Profit como instrumento de avaliação de investimentos financeiros é retratado na Tabela 1.2, onde se apresenta um conjunto de dados disponibilizados por um website especializado em informação para analistas financeiros de investimentos bolsistas:

Tabela 1.2 – Cálculo do Economic Profit para a Alphabet

milhões de USD

	31/12/2018	31/12/2017	31/12/2016	31/12/2015	31/12/2014
Net Operating Profit After Taxes (NOPAT)	29,841	12,948	19,452	15,883	12,721
Custo do Capital	12.01%	12.01%	11.97%	11.90%	11.85%
Capital Investido (ou Capital Empregue)	86,977	65,705	72,287	71,467	64,391
Economic Profit	**19,392**	**5,055**	**10,796**	**7,379**	**5,093**
Economic Profit/Capital Investido	22%	8%	15%	10%	8%

Fonte: https://www.stock-analysis-on.net/, traduzido e adaptado

Conforme será discutido no Capítulo 3, uma ideia subjacente à utilização do Economic Profit como um indicador relevante para investimentos financeiros é a noção de que a existência de valores positivos para este indicador seria um aferidor da ocorrência, futura ou passada, de rentabilidades anormais para os investidores. Em jeito de mera curiosidade, refira-se que, no caso em concreto, a observação de expressivos valores de Economic Profit (em valor absoluto ou em percentagem do capital investido) foi coincidente com uma evolução relativa muito favorável das ações da Alphabet em relação ao índice S&P 500 no período de 2014 a 2018, como pode ser observado na Tabela 1.3.

Tabela 1.3 – Evolução das ações da Alphabet *versus* S&PP500

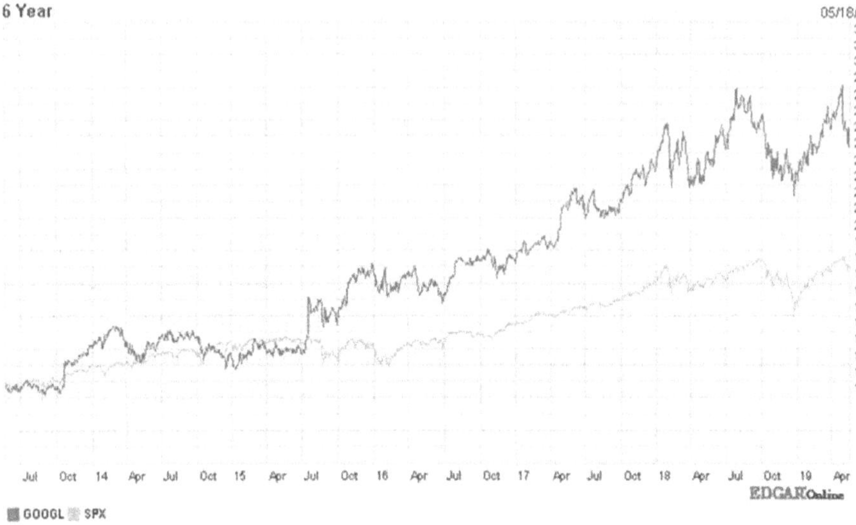

Fonte: EDGAR online

A questão da relação entre Economic Profits e a evolução do valor das empresas será explorado no Capítulo 3 em termos conceituais. Seria naturalmente bastante interessante para investidores se fosse possível estabelecer um nexo de causalidade entre a ocorrência de Economic Profits e o comportamento bolsista de logo prazo. No limite, tal significaria que mesmo empresas não cotadas poderiam eventualmente dispor de uma espécie de cotação virtual (uma «proxy» do valor da empresa), a qual poderia deste modo potencialmente funcionar como uma medida de criação de valor, nomeadamente como base para sistemas de incentivos assentes na criação de valor para acionistas.

Um terceiro exemplo relaciona a existência de métricas de criação de valor com a definição de sistemas de incentivo para os gestores de empresas. Um artigo publicado em março de 2015[3] pela Bloomberg estabelecia essa ligação a propósito do sistema de incentivos do CEO da Oracle, Larry Ellison:

[3] Ver https://www.bloomberg.com/news/articles/2015-03-11/ellison-s-103-million-pay--seen-as-a-good-deal-for-shareholders.

Figura 1.1 – Larry Ellison e Sistemas de Incentivo na Oracle

(«A remuneração de Ellison é de 103 milhões de USD e ainda é uma pechincha»)

Ellison's Paycheck Is $103 Million and He's Still a Bargain

Larry Ellison, chairman of Oracle Corp., in San Francisco.

Fonte: www.bloomberg.com

Segundo o referido artigo, a remuneração do CEO da Oracle tinha acabado de ser rejeitada pelos acionistas da empresa (apesar de o CEO controlar cerca de 25% dos votos), dada a insatisfação dos mesmos em relação ao desempenho das ações da empresa nos últimos anos comparativamente com o índice bolsista S&P 500. No entanto, acrescenta o mesmo artigo, se uma diferente medida de desempenho fosse utilizada (o Economic Profit), os acionistas não teriam tanto motivo de insatisfação. De facto, apesar da cotação da ação ter tido um desempenho sub-par, a Oracle tinha registado um desempenho em termos de Economic Profit melhor que 98% das empresas integrantes do mesmo índice bolsista americano nos últimos 3 anos. E, citando David Harper, um analista financeiro e ex-consultor de recursos humanos e sistemas de incentivo:

> *«Eu penso que o Economic Profit é simplesmente a melhor medida única de desempenho corporativo (...). A sua grande vantagem é que com ele os gestores serão recompensados por resultados que estão sob sua influência.»*

A essa observação acrescenta Jon Lukomnic, diretor de um Centro de Investigação em Responsabilidade de Investidores de Nova Iorque, que

> *«A taxa de juro da reserva federal, se a Rússia vai ou não invadir a Crimeia, o preço do petróleo, tudo isso torna muito difícil que a gestão de uma empresa consiga determinar de forma decisiva o retorno bolsista de uma ação.»*

Alinhado com esse entendimento, a Bloomberg apresentou em 2016[4] um *ranking* dos «Best-Value CEOs» usando como critério a comparação entre a remuneração auferida pelos gestores de topo e o valor acumulado dos Economic Profits pelas empresas nos últimos 3 anos. Pouco surpreendentemente, com uma remuneração de apenas 1 dólar, o vencedor desse *ranking* foi o CEO do Fossil Group, Kosta Kartsotis, cuja empresa registou um valor acumulado de 147 milhões de Economic Profit. Nessa lista, a empresa com o desempenho mais significativo em termos absolutos nessa medida foi a Apple, que assinalou um Economic Profit acumulado de 22,6 mil milhões de dólares, tendo o seu CEO (Tim Cook) se quedado num 11.º lugar na lista de «Best-Value CEOs».

Um exemplo adicional prende-se com a utilização da métrica de Economic Profit para averiguar o nível de rentabilidade geral de todo um sector, nomeadamente (mas não só) com vista a apurar situações consideradas de lucros supranormais associadas a excessivo poder de mercado. Uma ilustração, para além de outras possíveis[5], pode ser vista num relatório recente[6] emitido pela IATA – Associação Internacional do Transporte Aéreo, onde o desempenho económico do sector é medido, tal como no exemplo 1 da Bayer visto atrás, por via da comparação entre a rentabilidade do capital empregue e o custo médio ponderado do capital (WACC):

[4] Ver https://www.bloomberg.com/graphics/2016-best-value-ceos/.

[5] Ver, por exemplo, um relatório de março de 2018 sobre a evolução do Economic Profit no sector bancário disponível em https://www.consultancy.eu/news/597/european-banking-industry-faces-another-dip-in-economic-profit.

[6] Economic Performance of the Airline Industry, IATA-International Air Transport Association, junho de 2019, disponível em https://www.iata.org/publications/economics/Reports/Industry-Econ-Performance/Airline-Industry-Economic-Performance-Jun19-Report.pdf.

Figura 1.2 – Análise da evolução da rentabilidade do sector do Transporte Aéreo

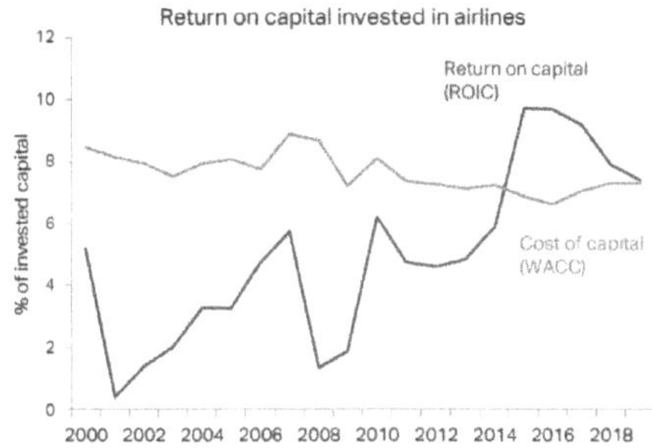

Fonte: IATA, Economic Performance of the Airline Industry, junho de 2019

Em termos semelhantes, o exemplo da Figura 1.3 abaixo mostra um *ranking*[7] de empresas do mesmo sector com base no critério de Economic Profit, elaborado pela consultora L.E.K.:

Figura 1.3 – *Ranking* de empresas em termos de rentabilidade no sector do Transporte Aéreo

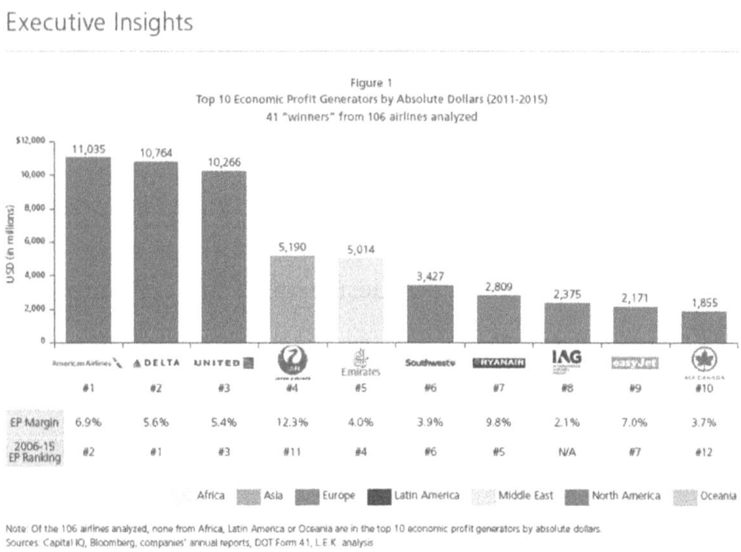

Fonte: L.E.K., Aviation Insights Review (AIR): 2016 Global Industry Performance Update

[7] Disponível em https://www.lek.com/sites/default/files/insights/pdf-attachments/1818_Aviation_Insights_Review_2016_LEK_Executive_Insights_0.pdf.

Uma ilustração final prende-se com a consideração do Economic Profit como uma base de análise de lucros supranormais, para efeitos de aferição do nível de competitividade num determinado sector. O exemplo que se segue na Figura 1.4 deriva de uma análise[8] efetuada pela consultora EY para o governo da Nova Zelândia relativamente à lucratividade de um conjunto de empresas públicas desse país:

Figura 1.4 – Análise de lucros supranormais de empresas públicas da Nova Zelândia

Summary of economic profits

The tables below summarise the economic profits calculated both including and excluding revaluations. In the second table revaluation adjustments are made only for those entities that revalue their fixed assets. Otherwise, the historical numbers are repeated from the first table.

Economic profits summary (including revaluations)

Currency: $ 000	FY02A	FY03A	FY04A	FY05A	FY06A	FY07A	FY08A	FY09A	FY10A	FY11A
Air NZ	(545,453)	24,122	55,086	52,251	(24,918)	(5,909)	5,975	(142,113)	(85)	(46,574)
Airways	3,076	4,257	5,111	5,212	5,556	6,658	4,863	(935)	275	1,309
Animal Control Products	649	329	421	758	1,043	755	732	520	658	1,185
AsureQuality	2,766	2,261	4,615	4,410	4,477	(1,403)	1,612	2,545	4,812	5,340
Genesis Energy	30,561	52,054	48,795	55,907	(55,485)	(77,268)	(47,898)	(105,630)	99,394	70,017
KiwiRail	n/a	n/a	n/a	n/a	n/a	n/a	n/a	(1,180,212)	(1,225,931)	(1,014,495)
Kordia	n/a	n/a	n/a	n/a	(1,048)	(3,447)	(9,178)	(21,904)	(12,091)	(30,319)
Landcorp	40,760	(42,834)	56,113	88,234	235,385	(77,549)	149,378	(230,796)	(219,947)	17,673
Learning Media	790	627	(332)	113	619	(80)	(3,672)	1,309	1,418	527
Meridian	166,758	162,035	333,726	389,639	330,378	842,752	(78,899)	(26,965)	150,652	(36,760)
MetService	2,423	2,202	2,436	3,434	2,355	1,877	2,689	2,658	2,484	2,432
MRP	112,268	160,137	195,953	215,099	125,104	57,743	62,059	239,941	184,710	170,076
NZ Post	6,878	15,813	29,060	32,398	27,126	22,335	13,911	(29,157)	(64,180)	(55,719)
KiwiBank	n / a	(19,756)	(6,545)	(3,741)	2,235	9,988	(382)	(25,550)	34,584	(27,250)
Public Trust	n / a	(4,402)	(4,184)	(3,429)	(2,467)	(756)	(38,870)	(54,174)	4,983	(714)
QV	250	1,427	23	627	973	989	11,075	(948)	(1,554)	(3,678)
Solid Energy	19,535	37,281	25,261	(4,144)	66,348	52,147	(18,759)	81,952	34,800	46,286
TVNZ	(18,399)	(10,300)	(13,317)	2,031	(21,007)	(19,962)	(11,806)	(17,752)	(11,304)	(6,701)
Transpower	35,610	(54,208)	(2,443)	35,778	1,131	16,202	11,118	31,372	86,080	53,785

Source: Annual reports & EYTAS
Ref: Summary · Economic profit

Fonte: EY New Zealand, SOE Economic Profit Analysis, 25 de novembro de 2011

Dos exemplos atrás referidos destacam-se um conjunto de pontos essenciais:

(i) Existem atualmente grandes empresas internacionais preocupadas em fazer uma gestão da criação de Valor;

(ii) A criação de valor é medida por comparação entre a rentabilidade do capital empregue pela empresa (dívida e capital próprio), conjugada com o custo desse mesmo capital (o WACC — *Weighted Average Cost of Capital*);

[8] Disponível em https://treasury.govt.nz/sites/default/files/2018-02/ey-soe-epa-nov11.pdf.

(iii) Estão disponíveis diversas métricas de criação de valor alternativas (o texto menciona o CVA – *cash value added* – e o CFROI – *Cash Flow Return on Investment*), mas a preferência pelo ROCE *versus* WACC é justificada pela Bayer pela maior simplicidade e popularidade dessas medidas;
(iv) Empresas como a Bayer utilizam ferramentas de reporte periódico de criação de Valor (no caso, por segmento de atividade);
(v) O conceito de Economic Profit é igualmente visto como relevante por parte de analistas financeiros e investidores interessados em selecionar investimentos com base na sua capacidade de geração de valor;
(vi) Existe atualmente uma preocupação em assegurar um alinhamento entre remunerações de gestores com métricas de criação de valor que sejam relevantes para os proprietários de empresas;
(vii) O conceito de Economic Profit tem vindo a ser usado como medida relevante para a análise do desempenho económico em diversos sectores, nomeadamente com vista à deteção de situações de lucros excessivos derivados de abusos de poder de mercado.

Estes pontos interligam-se bastante com o conteúdo do presente livro. Assim, relacionado com o aspeto (i), iremos descrever no Capítulo 2 as componentes e a lógica de um sistema de Gestão Baseada no Valor. Em relação às dimensões (ii) e (iii), desenvolveremos em detalhe no Capítulo 3 uma métrica de criação de valor, o Economic Profit (que, como demonstraremos em ponto próprio, é o conceito implicitamente adotado pela Bayer), assim como o seu confronto com diversas métricas alternativas de valor (entre as quais o CVA e o CFROI). No Capítulo 6 iremos explorar a operacionalização do conceito de Economic Profit para a análise do desempenho histórico em termos de criação de valor (os pontos iv e vii destacados acima). A tomada de decisões prospetivas baseadas na métrica de Economic Profit aplicada à gestão de ativos correntes, investimentos de longo prazo, dividendos e recompras de ações, operações de *sale and lease back*, decisões de estrutura de capitais, etc., e que foi referida no ponto (v), será objeto de particular atenção nos Capítulos 4 a 6. A importante questão da criação de sistemas de incentivo associados a métricas de criação de valor, observada no ponto (vi), será discutida no Capítulo 7. O Capítulo 8 final será dedicado a relacionar os conceitos de Economic Profit e Gestão Baseada no Valor com a importante questão da conciliação com os interesses de outros *stakeholders* (para além dos acionistas), com a responsabilidade social corporativa e com sistemas de Balanced Scorecard (Kaplan e Norton, 2005).

Sumário

- Existe uma preocupação generalizada com a mensuração da criação de valor por parte de numerosas empresas a nível internacional.
- A análise de criação de valor é aplicável tanto à análise do desempenho de uma empresa como um todo como das suas diversas áreas de atividade.
- Existe um conceito, a ser desenvolvido em capítulos posteriores, designado de Economic Profit, que procura medir a criação de valor ocorrida durante um certo período, e que é utilizado com frequência na prática por empresas e investidores.
- A métrica de Economic Profit tem uma relação direta com a diferença entre a rentabilidade operacional do capital investido e o custo médio ponderado desse capital.
- Para além da sua utilização na análise do desempenho histórico, o conceito de Economic Profit é também suscetível de ser usado também na apreciação de oportunidades de investimento em ativos de risco, na estruturação de sistemas de incentivo para gestores e como base de aferição da existência de lucros supranormais em certos sectores de atividade.

2

Componentes de um Sistema de Gestão Baseada no Valor (Value Based Management)

De acordo com Martin e Petty (2001), um Sistema Integrado de Gestão Baseada no Valor (Value Based Management, ou VBM) consiste num conjunto de processos que incluem:

a) uma métrica de criação de valor,
b) um sistema de incentivos consistente com essa métrica, e
c) um sistema de tomada de decisões coerente com a as métricas usadas e o sistema de incentivos instalado.

A Figura 2.1 mostra as três peças desse sistema, na perceção de Martin e Petty (2000).

Figura 2.1 – Sistema Integrado de Gestão Baseada no Valor (Value Based Management)

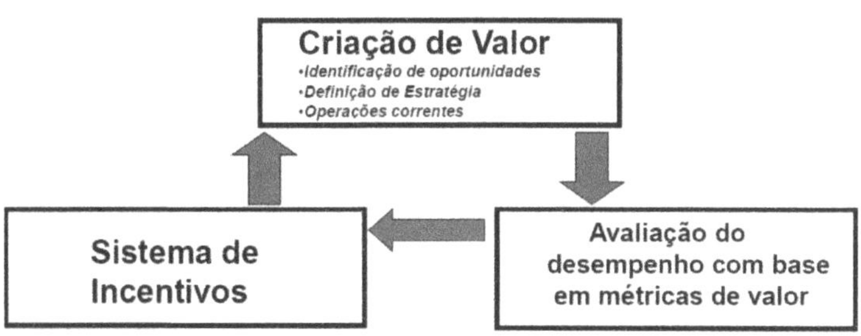

Algumas notas fundamentais devem ser realçadas em relação às várias componentes acima descritas. Assim, abordemos de seguida (i) a relação entre a perspetiva de Valor Acionista *versus* a das Partes Interessadas, (ii) a questão da definição de uma métrica de valor e (iii) a ligação com o sistema de incentivos.

Perspetiva de Valor Acionista *versus* Partes Interessadas

A primeira nota diz respeito à noção de «Valor» utilizada. Um Sistema Integrado de Gestão Baseada no Valor (VBM) só fará sentido se assentar numa noção de Valor que seja teoricamente bem suportada. A este respeito, o Capítulo 3 irá discutir a noção de Valor sobre que assentaremos o desenvolvimento dos métodos e procedimentos não só de mensuração do Valor criado mas também de apreciação do impacto esperado no Valor decorrente da adoção de todo um conjunto de decisões de gestão, tanto operacionais como financeiras. Todavia, há que salientar que uma medida de Valor, para fazer sentido, não poderá deixar de traduzir uma noção que se afigura simultaneamente de longo prazo e sustentável. Note-se ainda que tal não significa qua adotemos aqui uma postura que privilegie os acionistas em detrimento de outras partes interessadas (*stakeholders*) relevantes, muito pelo contrário, mas que o respeito dos interesses da generalidade destas últimas só será possível mediante uma orientação das empresas para um objetivo de criação de Valor a longo prazo e suficientemente sustentável que possa posteriormente ser repartido de forma adequada e justa por todos os *stakeholders* relevantes de uma organização[9] (incluindo o Estado, colaboradores, fornecedores, clientes, meio ambiente, comunidade local, etc.).

De um modo geral, entende-se hoje em dia que um enfoque em medidas de criação de valor de curto prazo que percam a noção da sustentabilidade a longo prazo em termos financeiros, económicos, sociais e/ou ambientais, não

[9] Ver a esse propósito Jensen (2001) e a sua «visão esclarecida da maximização do valor acionista» («enlightened value maximization theory»). Este autor considera que essa visão é compatível com a chamada «enlightened stakeholder theory», isto é, com os objetivos, necessariamente múltiplos e díspares, associados aos interesses dos *stakeholders* de uma organização, permitindo que gestores tenham um quadro de orientação coerente para as suas decisões de gestão.

poderá ser respeitadora dos interesses nem dos acionistas nem dos demais *stakeholders*. Citando Collins (2001):

> *«A saúde do nosso sistema capitalista depende da existência de líderes corporativos responsáveis que são capazes de construir* ***valor sustentável****, e é colocado em perigo por aqueles que estão obcecados com o* ***sucesso de curto prazo****. A Gestão Baseada no Valor coloca o foco de volta na* ***criação de valor acionista de longo prazo****, e não na maximização rápida e a curto prazo da cotação de uma ação.»*

Esta reflexão é importante, pois existe o mito, muito disseminado na prática, de que a criação de valor acionista deve naturalmente conflituar com os objetivos dos restantes *stakeholders* de uma empresa. Ou seja, que a legítima procura do lucro por parte dos acionistas implica necessariamente uma diminuição da riqueza e bem-estar de outras partes interessadas (particularmente os trabalhadores, o ambiente, o Estado, etc.).

Em momento próprio (Capítulo 8) procuraremos demonstrar que carece em grande medida de suporte a ideia de que, desde que centralizemos a noção de valor acionista numa perspetiva de longo prazo e sustentável, os objetivos de acionistas estejam em contradição com os das demais partes interessadas. Donde que a nossa preocupação com a criação de Valor acionista duradoura, que estará presente no resto desta obra, não significa de todo que estejam a ser ignorados os demais *stakeholders* (muito pelo contrário[10]), conforme teremos oportunamente ocasião de desenvolver.

Existência de uma métrica do Valor criado

De seguida, torna-se imprescindível para a relevância e eficácia de um sistema VBM que seja possível medir, de uma maneira o mais objetiva possível e isenta de enviesamentos, a criação de valor (coerente com a noção de Valor que tenha sido adotada) durante um determinado período de tempo.

[10] É caso para dizer que só é possível que cada parte interessada venha a ter uma «fatia de bolo» progressivamente maior se for possível em primeiro lugar que o bolo como um todo esteja a crescer. No nosso entender, situações em que a fatia dos acionistas cresça à custa de outros *stakeholders* (Estado, colaboradores, ambiente, etc.) não constituem genuinamente uma criação de valor, mas antes uma apropriação ou transferência de valor entre partes.

Desta forma, iremos procurar demonstrar no Capítulo 3 que a noção de Economic Profit, cuja definição mais precisa e detalhada deixaremos para essa altura, cumpre esses requisitos e pode ser adotada de uma forma prática e teoricamente consistente por parte de organizações preocupadas com os efeitos no Valor das decisões de gestão que tenham tomado no passado ou venham a concretizar no futuro.

Adicionalmente, veremos de que forma essa métrica de criação de valor poderá ser desagregada em fatores de criação de valor (os chamados *value drivers*) ou indicadores-chave de desempenho (Key Performance Indicators, ou KPIs) que possam ser úteis para decisões operacionais ou financeiras nos vários níveis funcionais ou hierárquicos de uma organização, de forma coerente com a capacidade de influência efetiva de cada um desses níveis de decisão.

Ligação com Sistema de Incentivos

Finalmente, um sistema de VBM não será consequente se, conjuntamente com a utilização de uma métrica de valor para aferir do desempenho, não houver posteriormente qualquer impacto dessa métrica no sistema de incentivos em vigor numa empresa. Em momento próprio (Capítulo 7) desenvolveremos os elementos e características que poderão ser vistos como imprescindíveis para o estabelecimento de um sistema de incentivos suscetível de conduzir a um «ciclo virtuoso» de criação de valor acionista sustentável a longo prazo.

Deste modo, poderemos pensar idealmente que esse potencial «ciclo virtuoso» de criação de valor pode ser definido como um sistema no âmbito do qual (i) decisões informadas e racionais de gestão são tomadas com um impacto positivo no Valor intrínseco de uma empresa, (ii) os efeitos dessas decisões são de seguida capturados numa métrica adequada de criação de valor, levando isso finalmente a (iii) um impacto nos sistemas de incentivo dos responsáveis executivos de uma empresa, motivando de forma contínua a adoção das decisões de gestão suscetíveis de criar o máximo possível de valor sustentável a longo prazo.

Sumário

- Um Sistema Integrado de Gestão Baseado no Valor (Value Based Management) inclui três componentes: (i) uma métrica de criação de valor, (ii) um sistema de incentivos assente nessa métrica e (iii) um processo de tomada de decisões operacionais e estratégicas consistente com a métrica de valor e o sistema de incentivos definidos.
- Uma métrica de valor coerente com um Sistema Integrado de Gestão Baseada no Valor necessita de assumir uma dimensão sustentável e uma visão de longo prazo.
- A criação de Valor Acionista de longo prazo e sustentável pode ser consistente com os interesses de outras partes interessadas (*stakeholders*) para além dos acionistas.
- Um sistema Integrado de Gestão Baseada de Valor pode potenciar um ciclo virtuoso de tomada de decisões criadoras de valor que impactam favoravelmente uma dada métrica de valor criado e que, por sua vez, alimentam um sistema de incentivos assente messa medida, criando assim um incentivo adicional para tomadas de decisão geradoras de valor sustentável e de longo prazo.

3

Conceito de Economic Profit e Ligação com o Valor de uma Empresa

Dentro da esfera do sistema integrado de gestão baseada no valor descrito conceitualmente no Capítulo 2, destacou-se a necessidade de existência de uma métrica de criação de valor. O presente capítulo procurará deste modo descrever a métrica adotada para esse efeito e os fundamentos teóricos para a sua efetiva ligação com o Valor intrínseco de uma empresa. Para tanto, vamos começar por descrever o conceito de Economic Profit e seguidamente relacioná-lo com uma formulação geral de Valor assente em fluxos de caixa descontados, considerando tanto fluxos de dividendos como os chamados *Cash Flows* livres (*Free Cash Flows*).

3.1. Conceito de Economic Profit

O Economic Profit é, na sua essência, um conceito simples. Trata-se basicamente do montante dos lucros operacionais após impostos que excede a remuneração normal requerida pelos financiadores de uma empresa (entendidos estes como os acionistas[11] e os detentores de empréstimos concedidos

[11] O facto de falarmos geralmente em acionistas não implica perda de generalidade, podendo as nossas reflexões abranger outro tipo de formatos societários que não apenas sociedades anónimas com capital representado por ações.

à empresa). Essa remuneração deverá naturalmente atender ao risco desses financiamentos por capitais próprios ou alheios.

Analiticamente, se definirmos:

EP = *Economic Profit*
EBIT = Resultados Operacionais, antes de Encargos Financeiros e Impostos (*Earnings Before Interest and Taxes*)
T = Taxa de Imposto sobre Lucros
WACC = Custo Médio ponderado do Capital próprio e alheio[12] (*Weighted Average Cost of Capital*)
CI = Capital Investido (soma do Capital Próprio e do alheio)

então, o Economic Profit pode assim ser determinado como

$$EP = EBIT(1 - T) - WACC \times CI \qquad (1)$$

Graficamente, podemos exprimir o Economic Profit conforme é retratado na Figura 3.1:

Figura 3.1 – Economic Profit

Deste modo, o Economic Profit pode ser visto como o lucro anormal que resulta da diferença entre os lucros operacionais após impostos e a remuneração sobre os capitais utilizados que normalmente seria exigível pelos financiadores da empresa durante um certo período.

[12] O capital próprio refere-se ao valor dos fundos investidos na empresa pelos seus acionistas e o capital alheio corresponde ao montante de todos os empréstimos remunerados obtidos (incluindo empréstimos bancários, obrigações, locação financeira e outras dívidas remuneradas equiparáveis que possam dar lugar ao pagamento de encargos financeiros).

- Se o Economic Profit for > 0, então a empresa apresenta uma rentabilidade superior à que seria exigível pelos seus acionistas e pelos detentores dos empréstimos a esta concedidos, gerando um excedente. Esse excedente pertence naturalmente aos acionistas, já que os demais credores da empresa por empréstimos a esta concedidos têm a sua remuneração fixada contratualmente, não sendo esta habitualmente contingente ao desempenho da sociedade. Já os acionistas, pela natureza do seu investimento, podem ser vistos como os detentores de direitos residuais sobre o valor da empresa, beneficiando dos lucros que sobram após o cumprimento de todas as obrigações da empresa, incluindo as referentes ao pagamento de juros sobre os seus empréstimos.
- Se, pelo contrário, o Economic Profit for < 0, então isso implica que os financiadores da empresa em conjunto estão a obter uma remuneração inferior à que seria justa e adequada tendo em conta os riscos suportados. E, mais uma vez, sendo fixa e pré-contratualizada a remuneração dos credores por capitais alheios, serão os acionistas que sofrerão com uma remuneração dos seus investimentos inferior à exigível.[13]
- Finalmente, sendo o Economic Profit = 0, podemos dizer que a situação da empresa está em equilíbrio, com todos os financiadores a receberem exatamente a remuneração exigível em face das características de risco da empresa. Neste caso, poderemos afirmar que a empresa apresenta um lucro «normal» (ou, noutra perspetiva, um lucro «anormal» de zero).

A referida apropriação do Economic Profit por parte dos acionistas leva a pensar que, caso tenhamos eventualmente necessidade de calcular um valor atualizado de Economic Profits futuros, seria natural esperar que a taxa de desconto apropriada fosse a remuneração exigível pelos acionistas (e não a média ponderada do custo do capital próprio e alheio[14]).

Uma maneira alternativa de expressar o Economic Profit é a sua apresentação num formato definido em termos de uma diferença (ou *spread*) entre

[13] Em algumas situações mais extremas poderá suceder que a empresa com EP < 0 tenha uma incapacidade também de remunerar os seus empréstimos, pelo que não seriam apenas os acionistas a suportar o ónus de uma rentabilidade operacional abaixo da esperada ou exigível.

[14] Esta discussão será retomada e aprofundada mais adiante neste capítulo.

a rentabilidade operacional do capital investido e o custo médio ponderado do capital.

Assim, considerando agora

ROIC = Rentabilidade Operacional do Capital Investido = EBIT/CI

então poderemos dizer que, partindo da equação (1), e colocando o capital investido CI em evidência,

$$EP = \left[\frac{EBIT(1-T)}{CI} - WACC\right] \times CI$$

$$EP = \left[ROIC(1-T) - WACC\right] \times CI \qquad (2)$$

Conforme poderemos apreciar da expressão (2), o Economic Profit corresponde ao excesso da rentabilidade operacional após impostos do capital investido (em percentagem) em relação ao custo (também percentual) médio ponderado do capital investido multiplicado pelo valor dos capitais totais próprios e alheios da empresa (o CI).

3.2. Comparação entre Economic Profit, Resultados Líquidos e EBITDA

É enriquecedor nesta fase estabelecer alguma comparação entre o Economic Profit e outras métricas de desempenho frequentemente utilizadas na prática para medir o sucesso financeiro de uma empresa, particularmente o Resultado Líquido e os resultados antes de impostos, juros e amortizações (o chamado EBITDA-Earnings Before Interest, Taxes, Depreciation and Amortization).

Para esse efeito, pensemos no impacto que teriam sobre as três métricas (Economic Profit, Resultado Líquido e EBITDA) o conjunto de decisões de gestão seguintes:

a) Uma decisão de aumentar o nível de *stocks* (sem efeito nas vendas), financiados por novo endividamento;

b) Uma decisão de reduzir o nível de endividamento (sem mudar o nível de investimento em ativos da empresa), recorrendo a uma emissão de ações;
c) Uma decisão de recompra de ações próprias utilizando para o efeito dinheiro excedentário acumulado no passado em depósitos bancários;
d) A realização de investimentos em Ativos Não Correntes financiados com capital próprio e com um impacto positivo no EBIT anual.

Conforme se poderá apreciar na Tabela 3.1, os efeitos das decisões a) a d) sobre as três métricas são bastante díspares:

Tabela 3.1 – Impacto de diversas decisões de gestão no EBITDA, Resultado Líquido e Economic Profit

	Efeito sobre:		
Decisão de gestão:	EBITDA	Resultado Líquido	Economic Profit
a) Aumento permanente do nível de stocks	Nulo (1)	Redução (2)	Grande Redução (3)
b) Redução do nível de endividamento	Nulo (4)	Aumento (5)	Depende (6)
c) Recompra de ações com dinheiro excedentário	Nulo (7)	Redução (8)	Aumento (9)
d) Investimentos financiados por capital próprio	Aumento (10)	Aumento (11)	Depende (12)

Notas:

(1) O efeito sobre o EBITDA é nulo, pois que essa grandeza apenas será alterada por variações em proveitos ou custos operacionais. Assim, excluindo, por pressuposto assumido, a possibilidade de aumento de vendas e sendo pouco significativos aumentos de custos com armazenagem, logística, etc., não existirão alterações significativas nos lucros operacionais antes de impostos, encargos financeiros e amortizações (EBITDA).

(2) O impacto no Resultado Líquido é claramente negativo, pois, dado se ter assumido que o aumento dos *stocks* seria financiado por novo endividamento, então irão naturalmente aumentar os custos de financiamento da empresa. Note-se que se alternativamente a empresa recorresse a uma desmobilização de depósitos bancários previamente existentes para financiar o incremento de *stocks*, reduzir-se-iam nesse caso as receitas

de aplicações financeiras. Tal como anteriormente, tal levará a uma inequívoca diminuição do Resultado Líquido.[15]

(3) Dado o aumento do nível de *stocks* da empresa ser financiado por novo endividamento, o impacto será negativo, pois que existirá nesse caso um aumento do Capital Investido (que terá de ser remunerado via WACC). Em consequência, o efeito sobre o Economic Profit (EP) será negativo. Porquê uma «grande» redução? A razão é que o EP é, pela sua natureza, sempre inferior ao Resultado Líquido (o EP considera tanto os juros pagos suportados como a remuneração dos acionistas enquanto o Resultado Líquido apenas releva os juros). Donde que, sendo o WACC superior ao custo da dívida, o efeito será naturalmente superior no EP. Adicionalmente note-se ainda que, para além do impacto no valor absoluto do EP ser superior ao que se verifica no Resultado Líquido, o impacto percentual é também bastante mais expressivo (precisamente porque o EP é por norma inferior ao Resultado Líquido). Esta reflexão permite-nos concluir que o EP é muito mais sensível ao comportamento dos *stocks* (e, genericamente, ao comportamento do Fundo de Maneio) do que as demais métricas.

(4) O efeito no EBITDA é claramente nulo, pois os encargos financeiros não têm impacto, por definição, no EBITDA.

(5) O impacto no Resultado Líquido decorrente de uma redução do endividamento será inequivocamente positivo devido à diminuição dos correspondentes encargos financeiros.

(6) A consequência de uma redução do endividamento no EP é ambígua. Para perceber isso, primeiro será de reparar que o valor do EBIT(1-T) não se altera (não depende dos encargos financeiros), assim como o Capital Investido também não sofre nenhuma mudança no seu total (apenas na sua composição, pois que a redução do Endividamento foi compensada por um aumento do Capital Próprio). Assim, o efeito final sobre o EP depende na verdade do comportamento do WACC (custo médio ponderado do capital). Ora, segundo a Teoria Financeira, e mais concretamente a chamada teoria do *trade-off*, existirá um ponto ótimo de endividamento para o qual o WACC será mínimo ao qual corresponderá o Valor máximo

[15] Mas se o aumento dos *stocks* fosse financiado por um aumento do capital a realizar pelos acionistas, o impacto sobre o Resultado Líquido já seria nulo.

da empresa.[16] Pelo que, se no nosso caso a redução do endividamento conduzir a uma maior aproximação ao valor ótimo da empresa, será de esperar uma redução do WACC, em caso contrário será de antecipar um aumento.[17]

([7]) Mais uma vez, o impacto de uma compra de ações financiada pela desmobilização de aplicações financeiras não será sentido ao nível do EBITDA, pois este não depende de receitas (ou custos) financeiros.

([8]) Dado que a compra de ações próprias por parte da empresa irá implicar neste caso a perda de receitas de aplicações financeiras, será de antecipar uma redução no Resultado Líquido.

([9]) No caso do impacto da recompra de ações próprias através da desmobilização de aplicações financeiras excedentárias, o efeito mais expectável será o de uma redução do EP, dado que, de um modo geral, as receitas de aplicações financeiras que se perdem serão inferiores à taxa de custo médio ponderado do capital (WACC).[18] Dever-se-á, todavia, acrescentar que, em termos práticos, e por razões que iremos discutir em ponto posterior, para efeito do cálculo do EP tipicamente adiciona-se ao EBIT todas as receitas financeiras de que a empresa irá beneficiar (mas não se consideram nunca aí os custos de financiamento, que deverão estar sempre presentes apenas através do WACC).

([10]) Dado que o EBITDA = EBIT mais Amortizações e Depreciações, então se o efeito líquido do investimento mencionado é um aumento do EBIT, também nesse caso assistiremos naturalmente a um aumento do EBITDA.

([11]) Sendo o Resultado Líquido igual a (EBIT – Juros) × (1 – T), e sendo o investimento financiado exclusivamente por capital próprio, haverá claramente uma consequência positiva no Resultado Líquido (o mesmo

[16] Conforme discutiremos mais adiante, nesta perspetiva o Valor intrínseco de uma empresa corresponde ao valor dos seus *cash flows* livres descontados à taxa do WACC. Não sendo esses *cash flows* livres dependentes do nível de endividamento, então esse valor será maximizado quando a taxa de desconto for minimizada.

[17] Para uma apreciação da Teoria do *trade-off* da estrutura de capitais, sugere-se, por exemplo, Kraus e Litzenberger (1973) ou Lee e Barker (1977). Para uma análise da relevância desta teoria no contexto português, ver Serrasqueiro e Caetano (2015).

[18] Neste raciocínio estamos implicitamente a admitir a simplificação de que a operação de recompra de ações não terá um impacto expressivo na estrutura de repartição entre dívida e capital próprio, ou seja, não terá uma consequência relevante em termos do WACC.

sucederia se admitíssemos algum financiamento com empréstimos se o aumento do EBIT fosse superior ao aumento dos juros suportados pelos novos empréstimos).

([12]) O efeito sobre o EP decorrente dos novos investimentos será ambíguo, pois que dependerá da comparação entre o aumento do EBIT(1 – T) e do aumento do Capital Investido (que tem de ser remunerado com uma taxa mínima correspondente ao WACC). Se considerarmos que a taxa interna de rentabilidade (TIR) do investimento é dada por Variação do EBIT(1 – T)/Variação do CI decorrentes desse investimento, então o impacto sobre o EP será positivo apenas se essa TIR > WACC. Ou, na lógica da nossa equação (1), se a Variação do EBIT (1 – T) > WACC × Variação do CI.

Não é preciso um grande esforço de raciocínio para compreender que os efeitos das decisões de gestão sobre o Valor de uma empresa são mais corretamente capturados pelo Economic Profit do que pelas restantes métricas descritas. O problema de base com o EBITDA e com o Resultado Líquido é que estas métricas ignoram, totalmente (caso do EBITDA) ou parcialmente (Resultado Líquido), a necessidade de remuneração dos recursos colocados à disposição da empresa pelos seus financiadores. Assim, enquanto o Resultado Líquido não considera como custo relevante a remuneração exigida pelos acionistas, o EBITDA apresenta uma situação ainda mais grave, pois ignora quer a remuneração dos acionistas quer a dos próprios detentores dos empréstimos concedidos à empresa! Adicionalmente, há que referir ainda que o EBITDA, contrariamente ao EBIT(1-T) incluído na definição de Economic Profit, ignora a necessidade de investimentos de reposição a que uma empresa sustentável a longo prazo terá de fazer face de uma forma regular e anual (o que poderá ser aproximado pelo nível de amortizações do exercício). Parafraseando a revista *Forbes* (2003):

> *«O EBITDA faz sentido apenas se considerarmos que os investimentos serão financiados pela fadinha dos dentes.»*

Note-se os perigos potenciais de criar um sistema de incentivo assente em medidas de Resultado Líquido ou de EBITDA. Por exemplo, se um gestor tiver uma remuneração variável indexada de forma simples ao Resultado

Líquido, ele poderia ser tentado a implementar qualquer projeto de investimento que aportasse um aumento positivo, por mínimo que fosse, do EBIT. A condição para tal é que o mesmo projeto fosse financiado apenas por capital próprio, e independentemente do montante, maior ou menor, dos fundos próprios a pedir para o seu financiamento (algo que os acionistas provavelmente não gostariam). E caso recorresse exclusivamente a fundos alheios, a fasquia mínima a atingir para ver o Resultado Líquido aumentado seria aquela em que o aumento do EBIT cobrisse os juros a pagar, caso em que não haveria qualquer benefício para os acionistas. E saliente-se, adicionalmente, que os acionistas veriam provavelmente um aumento do risco financeiro da empresa, o qual implicaria a exigência de uma remuneração mais elevada. Por sua vez, o incentivo para realizar projetos não suscetíveis de criar valor (no sentido de uma rentabilidade potencialmente inferior ao custos dos fundos necessários para os financiar) seria, por maioria de razão, ainda superior no caso do sistema de incentivos privilegiar o EBITDA, dado que, neste caso, o gestor não se preocupará sequer com a remuneração dos empréstimos, desde que o efeito no EBITDA seja minimamente positivo.

É de reparar, mais uma vez, a particular sensibilidade do EP às variações do Fundo de Maneio (onde se incluem não só os *stocks* da empresa como também os créditos sobre clientes e as dívidas a fornecedores). Este é um motivo pelo qual muitas empresas com preocupações de aumento de eficiência na gestão dos seus ativos operacionais recorre com frequência à noção de Economic Profit nas suas análises e sistemas de incentivo.

Curiosamente, o conceito de Economic (popularizado a partir dos anos 90 pela empresa Stern Stewart & Co sob o nome de EVA – Economic Value Added) não é propriamente um «novo» conceito. Na verdade, noções muitos próximas da de Economic Profit eram já referidas no século XVIII por Hamilton (1777), sendo de seguida mencionadas também por Marshall (1890) e discutidas ou modelizadas posteriormente por Preinreich (1936), Edwards e Bell (1961) ou Peasnell (1982). É igualmente interessante referir que, na primeira metade do século XX, também no mundo corporativo se usavam já conceitos similares, nomeadamente por parte da General Motors nos anos 20 e da General Electric nos anos 50 (conceito então batizado de resultado residual, ou *residual income*).

Deste modo, em que consiste verdadeiramente a «novidade» do Economic Profit? Na verdade, grande parte do mérito associado à utilização do

Economic Profit deve-se ao desenvolvimento por Stern Stewart & Co de todo um conjunto de metodologias e princípios para aplicar este conceito na prática para os seguintes fins:

(i) medir o desempenho de empresas na criação de valor através dos chamados fatores-chave de criação de valor (*key value drivers*), tanto para uma empresa como um todo como para as suas diversas áreas de atividade,
(ii) avaliar e desenvolver programas de expansão, reestruturação empresarial e renovação de modelos de negócio, e
(iii) definir e estruturar o sistema de incentivo a longo prazo assente em noções de valor sustentável.

Sendo certo que a maior popularização do conceito de Economic Profit entre as práticas de gestão empresarial se deu durante a década de noventa do século XX[19] e até ao início da primeira década do presente século, o certo é que, embora menos popular atualmente, o conceito se manteve solidamente implantado, para além dos meios académicos, no seio de uma elite de empresas, analistas financeiros e consultoras de gestão.[20]

No entanto, mais recentemente ocorreu um claro renascer do interesse pelo Economic Profit, sobretudo na sequência da aquisição, em 2018, pela ISS-Institutional Shareholder Services[21], da EVA Dimensions, sociedade de consultoria criada pelo cofundador da Stern Stewart & Co, Bennett Stewart. Na sequência disso, a ISS passou a reportar regularmente medidas de Economic Profit (ou EVA-Economic Value Added) nas suas recomendações a investidores institucionais. Conforme comentado em agosto de 2019 num Fórum sobre Governo Societário promovido pela Harvard Law School, esse facto deverá levar «*os administradores das empresas a refrescar os seus conhecimentos*

[19] Em setembro de 1993, a revista *Fortune* chegou a referir-se ao EVA-Economic Value Added como sendo «*a ideia financeira mais quente de hoje que se está a tornar cada vez mais quente*» («*It is today's hottest financial idea and getting hotter*»).

[20] Por exemplo, recentemente um estudo da consultora McKinsey (2020) utiliza esse conceito na abordagem do tema de criação sustentada de valor.

[21] A ISS-Institutional Shareholder Services é uma empresa de consultoria especializada no apoio a Investidores Institucionais à participação e votação destes em assembleia gerais de acionistas de empresas cotadas por si participadas.

sobre as virtudes e limitações dessa medida (de Economic Profit, ou EVA) e a preparar--se para responder aos investidores institucionais que irão passar a comparar o EVA da sua empresa com o de outras».

3.3. Economic Profit e valor atualizado de dividendos futuros

Definido o conceito de Economic Profit, a questão seguinte que se coloca é: qual a relação com a noção de Valor intrínseco de uma empresa?

Para responder a esta questão, comecemos por pensar que uma forma de encarar o Valor de uma empresa para os acionistas é aquela em que este é determinado com base na atualização[22] do fluxo de dividendos futuros de uma empresa.[23]

Assim, definamos primeiro as seguintes variáveis:

S_0 = Valor intrínseco da empresa para os seus acionistas (= valor intrínseco, não contabilístico, dos seus capitais próprios) no momento zero da avaliação

DIV_t = Dividendos esperados no período t (deduzidos, ou líquidos, de eventuais aumentos de capital por entradas de novos fundos de acionistas)

k_s = Taxa de remuneração exigida pelos acionistas[24]

SL_t = Situação Líquida, ou Capitais Próprios contabilísticos, de uma empresa (somatório de capital social, reservas e resultados transitados)

RL_t = Resultado Líquido do exercício t

[22] Caso o leitor não esteja familiarizado com a noção de atualização ou desconto de fluxos financeiros ou com os conceitos de cálculo financeiro que lhe estão associados, recomendamos a leitura da obra de Alves *et al.* (2020).

[23] Na secção seguinte abordar-se-á a relação entre Economic Profit e Valor quando este último é definido com base no valor atualizado dos *cash flows* livres *(Free Cash Flows)* futuros. Iremos concluir que, num caso e noutro, o valor da empresa pode ser reescrito de forma equivalente através de uma fórmula baseada nos Economic Profits futuros atualizados e no Capital Investido atual.

[24] Em sede própria discutiremos posteriormente as formas de determinação desta taxa de retorno exigida.

Então, definindo o valor de uma empresa para os seus acionistas como o valor atualizado, no momento zero, do fluxo de dividendos futuros, teremos

$$S_0 = \sum_{t=1}^{+\infty} \frac{DIV_t}{(1+k_S)^t} \quad (3)$$

Por sua vez, se assumirmos o princípio do *clean surplus accounting* segundo o qual a Situação Líquida contabilística de uma empresa varia anualmente apenas em função dos resultados líquidos alcançados nesse ano e de eventuais dividendos pagos (líquidos de possíveis aumentos de capital)[25], então podemos escrever que

$$SL_t = SL_{t-1} + RL_t - DIV_t \quad (4)$$

Por sua vez, é possível reescrever (4) sob a forma de

$$DIV_t = SL_{t-1} - SL_t + RL_t$$

ou ainda

$$DIV_t = RL_t - (SL_t - SL_{t-1}) \quad (5)$$

Definindo agora a noção de Lucro Residual (ou RI-Residual Income) como sendo a diferença entre o Resultado Líquido do exercício t e a remuneração esperada por um acionista que tem investido na empresa o valor da sua Situação Líquida contabilística no final do exercício imediatamente anterior, teremos

RI_t = Lucro Residual no exercício t (ou Residual Income)

$$RI_t = RL_t - k_s \times SL_{t-1} \quad (6)$$

[25] Segundo o princípio do *clean surplus accounting*, não existem, por exemplo, registos de reservas de reavaliação ou de outros movimentos nos capitais próprios que influenciem o total da Situação Líquida e que não passem necessariamente ou por resultados líquidos ou por movimentações envolvendo acionistas (a título de dividendos ou aumentos de capital).

o que também pode ser apresentado na forma de

$$RL_t = RI_t + k_s \times SL_{t-1} \quad (7)$$

Então, substituindo a expressão (7) na equação (5), poderemos escrever

$$DIV_t = RI_t + k_s \times SL_{t-1} - (SL_t - SL_{t-1})$$

o que é o mesmo que

$$DIV_t = RI_t + (1 + k_s) \times SL_{t-1} - SL_t \quad (8)$$

Substituindo agora a fórmula (8) na equação (3) e desenvolvendo posteriormente apenas em detalhe os primeiros três termos de (3) (ou seja, quando t = 1, 2 e 3), resultará o seguinte:

$$S_0 = \sum_{t=1}^{+\infty} \frac{RI_t + (1+k_s)SL_{t-1} - SL_t}{(1+k_s)^t} = \frac{RI_1 + (1+k_s)SL_0 - SL_1}{(1+k_s)^1} +$$

$$+ \frac{RI_2 + (1+k_s)SL_1 - SL_2}{(1+k_s)^2} + \frac{RI_3 + (1+k_s)SL_2 - SL_3}{(1+k_s)^3} + \ldots$$

$$= SL_0 + \left(\frac{RI_1}{(1+k_s)^1} - \frac{SL_1}{(1+k_s)^1} \right) +$$

$$+ \left(\frac{RI_2}{(1+k_s)^2} - \frac{SL_2}{(1+k_s)^2} + \frac{SL_1}{(1+k_s)^1} \right) +$$

$$+ \left(\frac{RI_3}{(1+k_s)^3} - \frac{SL_3}{(1+k_s)^3} + \frac{SL_3}{(1+k_s)^2} \right) + \ldots$$

$$= SL_0 + \frac{RI_1}{(1+k_s)^1} + \frac{RI_2}{(1+k_s)^2} + \left(\frac{RI_3}{(1+k_s)^3} - \frac{SL_3}{(1+k_s)^3} \right) + \ldots$$

Se extrapolarmos o resultado anterior para uma situação com um número n de termos, fica

$$S_0 = SL_0 + \frac{RI_1}{(1+k_s)^1} + \frac{RI_2}{(1+k_s)^2} + \frac{RI_3}{(1+k_s)^3} + \ldots \frac{RI_n}{(1+k_s)^n} - \frac{SL_n}{(1+k_s)^n} \quad (9)$$

Se, por sua vez, n tender para infinito, é fácil entender que o valor atual do último termo, muito distante, $SL_n/(1+k_s)^n$ irá tender para zero (já que o denominador tende para infinito), ficando a equação (9) resumida a

$$S_0 = SL_0 + \sum_{t=1}^{+\infty} \frac{RI_t}{(1+k_S)^t} \quad (10)$$

Por outras palavras, a nossa conclusão desta derivação é que o valor de uma empresa para os seus acionistas pode ser escrito, de uma forma coincidente com o valor determinado numa base de atualização dos dividendos futuros, como sendo igual ao valor contabilístico dos capitais próprios no momento da avaliação (SL_0) adicionado do valor atualizado dos lucros residuais esperados no futuro (por vezes apelidado de lucro supranormal).

À forma de escrever o valor de uma empresa como apresentado em 10 chama-se, por vez, o Modelo do Goodwill. Isto porque, em termos contabilísticos, o Goodwill corresponde no essencial à diferença entre o valor pago na aquisição de uma empresa (supostamente, S_0) e o valor contabilístico dos seus capitais próprios (SL_0). Essa diferença, conforme se poderá reparar em (10), não será mais do que o valor atribuído à expectativa de a empresa gerar lucros supranormais no futuro. Por outras palavras, só se justificaria o pagamento numa aquisição de um valor superior aos capitais próprios, gerando um Goodwill, se houvesse uma expectativa realista de o rácio de Resultado Líquido/Situação Líquida (o chamado «ROE-Return on Equity», ou rentabilidade dos capitais próprios) ser superior à taxa de remuneração exigível pelos acionistas (k_S).

Falta, todavia, estabelecer ainda a ligação entre o Lucro Residual e o nosso conceito de Economic Profit. Com esse fim em vista, teremos de definir os seguintes parâmetros adicionais:

V_0 = Valor Total da Empresa (i.e., soma do valor dos capitais próprios e alheios)
S_0 = Valor dos Capitais Próprios
D_0 = Valor da Dívida
CI_0 = Valor do Capital Investido na empresa = $SL_0 + D_0$
$V_0 = S_0 + D_0$

Usando a equação (10) anterior, podemos então escrever que o Valor Total da empresa será

$$V_0 = S_0 + D_0 = SL_0 + \sum_{t=1}^{+\infty} \frac{RI_t}{(1+k_s)^t} + D_0$$
$$= SL_0 + D_0 + \sum_{t=1}^{+\infty} \frac{RI_t}{(1+k_s)^t}$$

Donde se conclui que

$$V_0 = CI_0 + \sum_{t=1}^{+\infty} \frac{RI_t}{(1+k_s)^t} \qquad (11)$$

Ou seja, o Valor Total de uma empresa (soma do valor intrínseco dos capitais próprios com o da Dívida remunerada) corresponde ao montante dos seus capitais contabilísticos totais adicionado do valor atualizado dos seus lucros supranormais futuros.

O último passo consiste agora em introduzir as seguintes variáveis finais:

$EBIT$ = Resultados Operacionais (antes de impostos e encargos financeiros)
I = Encargos Financeiros totais
k_d = Custo da dívida (em %)
T = Taxa de imposto sobre lucros
$ROIC_t$ = Rentabilidade operacional do Capital Investido em $t = \dfrac{EBIT_t}{CI_{t-1}}$

Então, teremos, a partir de (11), que

$$V_0 = CI_0 + \sum_{t=1}^{+\infty} \frac{(EBIT_t - I_t)(1-T) - k_s SL_{t-1}}{(1+k_s)^t} =$$
$$= CI_0 + \sum_{t=1}^{+\infty} \frac{(ROIC_t \times CI_{t-1} - k_d D_{t-1})(1-T) - k_s SL_{t-1}}{(1+k_s)^t} =$$
$$= CI_0 + \sum_{t=1}^{+\infty} \frac{CI_{t-1}\left(ROIC_t(1-T) - k_d(1-T)\dfrac{D_{t-1}}{CI_{t-1}} - k_s\dfrac{SL_{t-1}}{CI_{t-1}}\right)}{(1+k_s)^t} =$$

Definindo agora o WACC como a média ponderada dos capitais próprios e alheios com base em pesos contabilísticos no início do período em causa, ou seja,

$$WACC_t = k_d(1-T)\frac{D_{t-1}}{CI_{t-1}} + k_s\frac{SL_{t-1}}{CI_{t-1}} \quad (12)$$

poderemos então reescrever a expressão anterior de V_0 como

$$V_0 = CI_0 + \sum_{t=1}^{+\infty}\frac{CI_{t-1}\left(ROIC_t(1-T) - WACC\right)}{(1+k_s)^t}$$

E recordando a equação (2) onde escrevemos que

$$EP = [ROIC(1 - T) - WACC] \times CI$$

resultará obviamente o resultado fundamental, a reter em Capítulos posteriores, que

$$V_0 = CI_0 + \sum_{t=1}^{+\infty}\frac{EP_t}{(1+k_s)^t} \quad (13)$$

Por outras palavras, o Valor Total de uma empresa pode ser escrito como sendo igual à soma dos seus capitais investidos contabilísticos (no momento 0 da avaliação) com o valor atualizado dos seus Economic Profits futuros (atualizados de acordo com a taxa de remuneração exigida pelos acionistas[26], k_S).

Uma consequência da fórmula de Valor descrita em (13), que pode ser calculada na verdade para qualquer empresa e não necessita de se assumir que a empresa tenha necessariamente de pagar dividendos, é que todas as decisões

[26] O que faz todo o sentido, dado que, como já discutido anteriormente, o Economic Profit, enquanto lucro residual, «pertence» aos acionistas. Não obstante, mas sem perda de validade da fórmula agora apresentada, iremos apresentar na secção seguinte uma formulação distinta para o Valor da empresa em que o desconto dos Economic Profits futuros é efetuado com base numa taxa WACC (e não ks).

de gestão que logrem criar ou melhorar os Economic Profits esperados para o futuro irão certamente fazer aumentar o valor intrínseco da empresa. Isso legitima a consideração de que um enfoque na melhoria sustentável dos EPs esperados é plenamente consistente com o propósito de maximização do Valor de uma empresa.

Note-se, adicionalmente, que se transformarmos (13) na forma de rácio Vo/CIo (i.e., aquilo a que poderíamos chamar, num mercado em equilíbrio em que o Valor equivalesse ao preço observado, de Market-to-Book Value), obteremos o seguinte:

$$\frac{V_o}{CI_0} = 1 + \frac{\sum_{t=1}^{+\infty} \frac{EP_t}{(1+k_S)^t}}{CI_0} \qquad (14)$$

Ou seja, uma empresa terá um Market-to-Book Value superior a 1 (i.e., um valor de mercado superior ao valor contabilístico do seu capital investido) apenas se houver a expectativa realista de que os seus resultados futuros sejam suficientes para cobrir o custo de oportunidade do capital próprio e alheio e gerar um excedente positivo disponível para os seus acionistas. Isso significa, por exemplo, que empresas que atuem em sectores muito competitivos onde seja difícil, ou impossível, obter Economic Profits positivos teriam valores de transação próximos do valor contabilístico do seu capital investido. A exceção seria se existisse algum desequilíbrio necessariamente temporário no mercado que lhes permitisse transitoriamente ter lucros anormais (positivos ou negativos).

Uma outra e interessante ilação a retirar da equação (13) é a questão da valorização contabilística dos ativos de uma empresa. É frequente a discussão entre os profissionais da contabilidade a questão de determinar se os ativos de uma sociedade deveriam ser registados pelo seu valor histórico de aquisição (ou de reposição) ou então pela sua capacidade de gerar rendimento (ou valor) para a empresa. É fácil entender que se no limite todo o Capital Investido CI_0 fosse avaliado pelo valor V_0, então a consequência seria que todos os EPs que fossem calculados teriam um valor nulo. Em resultado, torna-se óbvio que uma medida de *performance* como o EP seria nesse caso irrelevante para aferir do desempenho de uma empresa, pois que assumiria sempre valores nulos independentemente da maior ou menor eficiência financeira com que a empresa fosse gerida![27]

Variante com Wacc baseado em pesos de mercado (Wacc')

Sem o demonstrarmos, é possível provar que se definirmos o custo médio ponderado do capital como sendo baseado em pesos de dívida e capitais próprios a valores de mercado (assumindo que o valor de mercado equivale ao valor intrínseco e também, por simplificação, que o valor de mercado da dívida D equivale ao seu valor contabilístico), ou seja

$$WACC_t' = \frac{D_{t-1}}{V_{t-1}} k_D(1-T) + \frac{S_{t-1}}{V_{t-1}} k_S \qquad (15),$$

então o Valor Total da empresa (Entreprise Value) será agora dado por

$$V_0 = CI_0 + \sum_{t=1}^{+\infty} \frac{EP'_t}{(1+WACC'_t)^t} \qquad (16)$$

Algumas importantes chamadas de atenção:

(i) em primeiro lugar, note-se que nesse caso o conceito de Economic Profit usado, chamado agora EP', contrariamente à forma de cálculo implícita na equação (13), é determinado com base num custo médio ponderado do capital WACC com base em pesos de mercado, i.e.,

[27] Atrever-nos-íamos a pensar que algo de semelhante se passaria com outras métricas de desempenho que fossem usadas. A título de exemplo, se uma empresa tivesse um desempenho financeiro muito acima da média teria provavelmente uma rentabilidade do ativo (resultados operacionais/ativo) elevada. Ma se posteriormente reavaliássemos para cima os ativos para os aproximar do seu valor enquanto geradores de rendimento, o efeito seria a redução da rentabilidade do ativo para os valores «normais». O mesmo se passaria no caso de um desempenho abaixo do esperado. Não somos, por conseguinte, grandes adeptos de uma reavaliação de ativos para aproximá-los de um valor correspondente à sua capacidade de geração efetiva de rendimento (a não ser, por razões que explicaremos no Capítulo 5, quando se trate de ativos destacáveis das atividades da empresa).

de acordo com a fórmula (15), e não com base no WACC assente em pesos contabilísticos;

(ii) em segundo lugar, atente-se ao facto de que a taxa de desconto dos Economic Profits agora calculados (EP′ agora e não EP como anteriormente) deve ser a taxa de WACC′, quando anteriormente na equação (13) essa taxa correspondia à taxa de retorno exigida pelo acionista (k_S);

(iii) Apesar das diferenças de formulação entre as equações (13) e (16), essas expressões são equivalentes levando ao cálculo rigoroso do mesmo valor da Empresa (V). A ilustração numérica incluída na secção 3.4 seguinte ilustrará de forma clara essa propriedade;

(iv) Considerando (iii), qual das duas fórmulas poderá então ser empregue? Sendo matematicamente equivalentes, parece claro que a fórmula (13), não dependendo da estimativa prévia de valores de mercado (necessários para o apuramento dos pesos de mercado do WACC'), parece reunir uma razoável vantagem calculatória já que apenas necessita do conhecimento preliminar dos valores contabilísticos da dívida e capitais próprios.[28]

3.4. Economic Profit e Valor atualizado dos *Cash Flows* Livres

Uma crítica que poderia ser efetuada à demonstração da relação entre Economic Profits e Valor da empresa atrás apresentada consiste no facto de que se baseou no pressuposto de uma noção de valor assente no valor atualizado de dividendos futuros. No entanto, muitos assinalariam que a noção mais consensual entre profissionais e académicos para a determinação de um valor de uma empresa assente em modelos DCF (*Discounted Cash Flows*) é de que esse valor deve ser antes determinado na base da atualização dos Cash Flows Livres (*Free Cash Flows*) e não dos dividendos.[29]

[28] Naturalmente que em ambos os casos necessitaremos sempre de estimativas sobre os resultados operacionais futuros da empresa, bem como sobre a evolução da sua estrutura de capitais.

[29] Para uma discussão destes e outros modelos existentes para a avaliação de empresas, assim como do conceito de *Free Cash Flows*, ver Farinha (1993).

Assim sendo, partamos agora do modelo base de avaliação de empresa baseado na atualização de *Free Cash Flows* na forma

$$V_0 = \sum_{t=1}^{+\infty} \frac{FCF_t}{(1+WACC')^t} \quad (17)$$

em que

$FCF = EBIT\,(1 - t) + Am - Inv$
$EBIT$ = Resultados operacionais antes de juros e impostos (Earnings Before Interest and Taxes)
Am = Amortização do Exercício
Inv = Investimento (em capital fixo e circulante = «capital investido»)

Recorde-se, a este propósito, que o Capital Investido (CI) pode ser calculado, como anteriormente referido, como a soma do Capital Próprio com a Dívida. Pela equação fundamental da contabilidade, também será verdade que o Ativo (A) é igual ao Passivo (P) mais a Situação Líquida (SL). Acontece que o Passivo não inclui apenas a Dívida Remunerada (D) mas também os passivos não remunerados que podem ser integrados no conceito de Fundo de Maneio (FM ou capital circulante) definido essencialmente como a soma das existências (EX) com os créditos sobre clientes (CR), deduzindo depois as dívidas a fornecedores (F). Logo, podemos dizer que o Capital Investido pode ser também visto como a soma do Ativo Não Corrente (ANC) com o Fundo de Maneio (FM) assim definido. De facto, e ignorando a existências de disponibilidades de caixa no Balanço,

$$A = P + SL$$
$$ANC + EX + CR = D + F + SL$$
$$ANC + EX + CR - F = D + SL$$
$$ANC + EX + CR - F = D + SL$$
$$ANC + FM = D + SL$$
$$ANC + FM = CI$$

Logo, em termos de variações teremos que

$$\Delta CI = CI_t - CI_{t-1} = \Delta ANC + \Delta FM$$

E, dado que para o apuramento do *Free Cash Flow* relevam as variações de Existências, Créditos deduzidas das variações de Fornecedores, e que as despesas de capital correspondem às variações de ANC corrigidas (adicionadas) das amortizações, resulta que o investimento total (Inv) a incluir no conceito do *Free Cash Flow* não é mais do que a variação do Capital Investido adicionado das amortizações, como indicado anteriormente, ou seja

$$Inv = CI_t - CI_{t-1} + Am$$

Logo, podemos desenvolver a fórmula do Valor Total da empresa V da seguinte forma:

$$\begin{aligned} V_0 &= \sum_{t=1}^{+\infty} \frac{FCF_t}{(1+WACC')^t} \\ &= \sum_{t=1}^{+\infty} \frac{EBIT_t(1-t) + Am - (CI_t - CI_{t-1} + Am)}{(1+WACC')^t} \\ &= \sum_{t=1}^{+\infty} \frac{EBIT_t(1-t) - CI_t + CI_{t-1}}{(1+WACC')^t} \\ &= \sum_{t=1}^{+\infty} \frac{EBIT_t(1-t) - \Delta CI_t}{(1+WACC')^t} \\ &= \sum_{t=1}^{+\infty} \frac{EBIT_t(1-t)}{(1+WACC')^t} - \sum_{t=1}^{+\infty} \frac{\Delta CI_t}{(1+WACC')^t} \end{aligned}$$

Por sua vez, pode demonstrar-se (o que não faremos aqui por parcimónia) que

$$\sum_{t=1}^{+\infty} \frac{\Delta CI_t}{(1+WACC')} = \sum_{t=1}^{+\infty} \frac{WACC'.CI_{t-1}}{(1+WACC')}$$

Daqui finalmente se retira que

$$\begin{aligned} V_0 &= \sum_{t=1}^{+\infty} \frac{EBIT_t(1-t)}{(1+WACC')^t} - \sum_{t=1}^{+\infty} \frac{WACC'.CI_{t-1}}{(1+WACC')^t} + CI_0 \\ &= \sum_{t=1}^{+\infty} \frac{ROIC_t(1-t)CI_{t-1}}{(1+WACC')^t} - \sum_{t=1}^{+\infty} \frac{WACC'.CI_{t-1}}{(1+WACC')^t} + CI_0 \\ &= CI_0 + \sum_{t=1}^{+\infty} \frac{\left[ROIC_t(1-t) - WACC'\right]CI_{t-1}}{(1+WACC')^t} \\ &= CI_0 + \sum_{t=1}^{+\infty} \frac{EP'}{(1+WACC')^t} \end{aligned}$$

Em conclusão, podemos afirmar que, do ponto de vista analítico, uma avaliação de empresas baseada na atualização de *Free Cash Flows* (descontados à taxa WACC') é matematicamente equivalente a uma avaliação efetuada com base na soma do capital investido com o valor atualizado dos Economic Profits futuros, sejam estes definidos (EP) com base num WACC a pesos contabilísticos – equação (13) – ou em termos (EP') de um WACC' a pesos de mercado – equação (16).

A ilustração numérica seguinte mostrará a equivalência entre o Valor da empresa calculado de acordo com as diversas formulações apresentadas.

Ilustração 3.1 – Ilustração numérica da relação entre Economic Profits futuros e o Valor da empresa

Consideremos os seguintes dados:

SL_0 = Situação líquida atual = 100
D_0 = Dívida atual = 200
CI_0 = Capital Investido atual = 300
$EBIT$ = Resultados Operacionais (antes de impostos e encargos financeiros) = 35
k_s = taxa de remuneração exigida pelos acionistas = 10%
k_D = taxa de remuneração exigida pelos detentores de dívida = 6% (= taxa de juro praticada contratualmente)
T = taxa de imposto sobre lucros (IRC) = 40%

Por sua vez, a empresa prevê distribuir a totalidade dos seus Resultados Líquidos no futuro, o que deverá levar a um crescimento nulo de forma perpétua[30] dos seus lucros e dividendos futuros.

Nessas condições, pretendemos

a) Calcular o Valor total da empresa (V) e o valor desta para os acionistas através da atualização dos dividendos futuros
b) Calcular Valor total da empresa (V) e o valor desta para os acionistas através da atualização dos Economic Profits futuros
   b.1. usando o WACC com pesos contabilísticos da dívida e capitais próprios
   b.2. usando o WACC' com pesos de mercado da dívida e capitais próprios

[30] Recorde-se que o valor atualizado de uma perpetuidade de termos constantes P será igual, para uma taxa de atualização periódica R, a P/R. Para mais pormenores, ver Alves *et al.* (2020, p. 90).

c) Calcular o Valor total da empresa (V) e o valor desta para os acionistas através da atualização dos *Free Cash Flows* futuros

Resolução:

a)

$RL = \text{Resultado Líquido } = (35 - 6\% \times 200)(1 - 40\%) = 13.8$

Como Dividendos = 100% do Resultado Líquido

então Dividendos = DIV = 13.8

$S_0 = $ Valor atualizado dos dividendos futuros

$$\text{Logo, } S_0 = \sum_{t=1}^{+\infty} \frac{DIV}{(1+k_s)^t} = \frac{DIV}{k_s} = \frac{13.8}{10\%} = 138$$

E então $V_0 = S_0 + D_0 = 138 + 200 = 338$

b)

b.1.)

$ROIC = $ Rentabilidade do Capital Investido =

$$= \frac{\text{Resultados Operacionais}}{\text{Capital Investido}} = \frac{EBIT}{CI} = \frac{35}{300} = 11.6(6)\%$$

$ROIC(1-T) = $ Rentabilidade Operacional do Capital Investido

Após Impostos $= 11.6(6)\% \ (1 - 40\%) = 7.0\%$

$$V_0 = \text{Valor Total da Empresa} = S_0 + D_0 = V_0 = CI_0 + \sum_{t=1}^{+\infty} \frac{EP_t}{(1+k_s)^t}$$

$$EP = \left[ROIC(1-T) - WACC\right] \times CI_0$$

$$WACC = k_d(1-T)\frac{D_0}{CI_0} + k_s \frac{SL_0}{CI_0} = 6\%(1+40\%)\frac{200}{300} + 10\%\frac{100}{300} =$$

$= 5.73(3)\%$

$EP = \left[7.0\% - 5.73(3)\%\right] \times 300 = 3.8$

Logo,

$$V_0 = 300 + \sum_{t=1}^{+\infty} \frac{3.8}{(1+10\%)^t} = 300 + \frac{3.8}{10\%} = 338$$

Donde

$S_0 = V_0 - D_0 = 338 - 200 = 138$

b.2.)

$$\begin{aligned} WACC' &= \frac{D}{V} k_D(1-T) + \frac{S}{V} k_S \\ &= \frac{200}{338} 6\%(1-40\%) + \frac{138}{300} 10\% \\ &= 6.213\% \end{aligned}$$

Por sua vez,

$$\begin{aligned} EP' &= EBIT(1-T) - WACC'.CI \\ &= 35(1-40\%) - 6.213\%, 300 \\ &= 2.361 \end{aligned}$$

Sendo, mais uma vez, o Economic Profit uma perpetuidade constante, teremos que o seu valor atual será dado por

$$\frac{EP'}{WACC'} = \frac{2.361}{6.213\%} = 38.0$$

Donde novamente encontramos o resultado de que

$V_0 = 300 + 38 = 338$
$S_0 = 338 - 200 = 138$

c) Neste caso note-se que, estando a empresa a crescer à taxa zero, o seu *Free Cash Flow* corresponderá ao EBIT(1-T) pelo facto de que a variação de Fundo de Maneio deverá ser zero num contexto de crescimento nulo, e as despesas de investimento necessárias serão as correspondentes estritamente à depreciação de equipamentos, ou seja, iguais às amortizações do exercício. Nesse caso, então, Inv = Am e poderemos então escrever

$$\begin{aligned} V_0 &= \sum_{t=1}^{+\infty} \frac{FCF_t}{(1+WACC')^t} \\ &= \sum_{t=1}^{+\infty} \frac{EBIT(1-T) + Am - Inv}{(1+WACC')} \end{aligned}$$

e como $Inv = Am$,

$$\begin{aligned} &= \sum_{t=1}^{+\infty} \frac{EBIT(1-T) + Am - Am}{(1+WACC')} \\ &= \sum_{t=1}^{+\infty} \frac{EBIT(1-T)}{(1+WACC')} \end{aligned}$$

E como novamente estamos a enfrentar o cálculo do valor atual de uma perpetuidade, resulta

$$
\begin{aligned}
V_0 &= \frac{EBIT(1-T)}{WACC'} \\
&= \frac{35(1-40\%)}{6.213\%} \\
&= 338 \\
S_0 &= V_0 - D_0 = 338 - 200 = 138
\end{aligned}
$$

Dos resultados apresentados, torna-se assim evidente a igualdade matemática entre as várias fórmulas de determinação do Valor de uma empresa, seja com base na atualização de dividendos, *Free Cash Flows* futuros ou em formulações assentes na soma do Capital Investido mais o valor atual de Economic Profits (EP ou EP').

3.5. *Value drivers* fundamentais associados ao Economic Profit

Da observação das fórmulas (1) e (2) é de notar que o EP (e o valor da empresa) é maximizado quando:

(i) Se aumenta o retorno dos ativos atuais (ROIC), mantendo o custo do capital (WACC) e os ativos (A) constantes;

(ii) Se investem em novos ativos cujo retorno marginal (ROIC desses novos ativos) exceda o custo do capital marginal (WACC do capital necessário para financiar esses ativos);

Notar, a este propósito, que maximizar o ROIC de uma empresa não leva necessariamente à criação de valor. Por exemplo, para manter o seu atualmente elevado ROIC (por ex. 30%), uma empresa poderia deixar de implementar investimentos com ROIC=20% apesar do WACC ser por hipótese igual a 10%. Na verdade, a implementação de um tal projeto levaria à criação de valor adicional para os acionistas, apesar de fazer baixar o ROIC médio da empresa;

(iii) Se desinvestem áreas de atividade destruidoras de valor (i.e., aquelas cuja EP<0), com uma redução do Capital Investido que leve a uma diminuição do custo de oportunidade não totalmente compensada por uma eventual redução nos resultados operacionais;

(iv) Se reduzem os *stocks* ou outros ativos diretamente improdutivos (como poderão por vezes ser também certos créditos sobre clientes com reduzido contributo de margem operacional);

(v) se alarga o horizonte no qual se espera que a empresa beneficie de um ROIC>WACC. Tal poderia ser, por exemplo, o prolongamento de uma concessão de exploração rentável, ou ainda o desenvolvimento de uma marca própria suscetível de levar a uma perceção do produto junto do cliente final como sendo um produto *premium* comandando margens superiores.

(vi) Se reduz o custo do capital (WACC). Repare-se que, em certas condições, e segundo a chamada teoria *de trade-off* (Kraus e Litzenberger, 1973), o WACC pode ser minimizado através de um recurso equilibrado de capitais alheios e próprios. Notar que se verifica sempre que $k_S > k_D$, ou seja, pode compensar inicialmente uma substituição de capital próprio de custo elevado por dívida de custo mais baixo, mas os dois custos tendem a subir quando a empresa passa de 100% de capitais próprios para percentagens sucessivamente maiores de dívida devido ao aumento de risco financeiro. Tal cria a possibilidade de um *mix* ótimo de capital próprio e alheio.

A identificação dos *value drivers* acima referidos é de uma enorme importância para a gestão de uma empresa. Infelizmente, quando existe uma fixação dos gestores em métricas de desempenho mais simples como é o caso do EBITDA ou dos Resultados Líquidos, perde-se a noção dos fatores que realmente podem influenciar a criação de valor numa empresa. Como a ilustração da Tabela 3.1. mostrou, um enfoque no EBITDA ou Resultados Líquidos pode levar à total desconsideração da importância da otimização do custo do capital, da real criação de valor por parte de projetos de investimento, e do impacto de um excesso de investimento em fundo de maneio (i.e., existências mais créditos sobre clientes menos dívidas a fornecedores) na criação de valor por parte de uma empresa.

3.6. Ilustração real: avaliação da Duvel

Não sendo a forma mais comum de avaliação de empresas, existem, todavia, analistas financeiros que utilizam, senão como forma principal, pelo menos como complementar, o modelo de avaliação baseado em Capital investido e a atualização de Economic Profits futuros. Um exemplo disso está retratado nas Tabelas 3.2 e 3.3 seguintes, que representam o resultado de uma avaliação real de uma empresa belga do sector das bebidas (Duvel) feita conjuntamente pela via do desconto dos *Free Cash Flows* futuros e pela via dos Economic Profits. Como seria de esperar da discussão contida na secção 3.5, os valores das duas avaliações coincidem de forma rigorosa.

Tabela 3.2 – Avaliação da Duvel através de atualização de *Free Cash Flows* futuros

DCF model		2002	2003	2004	2005	2006
- Market risk free	5.22%					
- Market risk premium	5.58%					
- Long term growth	0.75%					
- Beta (leveraged)		0.79	0.79	0.75	0.74	0.78
NOPLAT		6.12	7.41	8.33	9.56	10.12
+ Depreciation & other non cash		5.19	5.46	5.51	5.62	6.30
- Investment		-12.26	-7.16	-6.89	-10.44	-6.30
- Investment in working capital		-0.79	0.20	-0.47	-0.57	-0.30
= Free cash flow		**-1.74**	**5.92**	**6.47**	**4.18**	**9.82**
Discount factor		0.99	0.90	0.82	0.75	0.68
Present value of free cash flow		-1.72	5.34	5.32	3.12	6.68
Cumulative present value of FCF	18.74					
+ Present value of terminal value	74.38					
= Entreprise value	**93.12**					
- Value of debt	6.06					
- Provisions	-0.79					
- Minorities	0.01					
+ Value of peripherical assets	0.00					
= Theoretical value of equity	**98.41**					
Idem per share	**18.42**					

Fonte: Bank Degroof Equity Research Report

Tabela 3.3 – Avaliação da Duvel através de atualização de *Free Cash Flows* futuros

Economic profit model		**2002**	**2003**	**2004**	**2005**	**2006**
- Market risk free	5.22%					
- Market risk premium	5.58%					
- Long term growth	0.75%					
- Beta (leveraged)		0.79	0.79	0.75	0.74	0.78
RoIC		14.8%	15.4%	16.8%	18.6%	18.6%
WACC		9.7%	9.7%	9.8%	10.0%	9.8%
Spread		5.1%	5.7%	7.0%	8.6%	8.8%
Invested capital (at year start)		41.30	48.14	49.64	51.49	56.87
Economic profit		2.10	2.74	3.47	4.42	4.99
NOPLAT		6.12	7.41	8.33	9.56	10.12
Capital charges		-4.02	-4.68	-4.85	-5.14	-5.58
Economic profit		2.10	2.74	3.47	4.42	4.55
Discount factor		0.99	0.90	0.82	0.75	0.68
Actualized economic profit		2.08	2.47	2.86	3.31	3.09
Cumulative PV of economic profit	13.81					
+ Present value of terminal value	34.44					
+ Capital invested	44.87					
= Value of operations	**93.12**					
- Value of debt and provisions	5.28					
- Minorities	0.01					
+ Value of peripherical assets	0.00					
= Theoretical value of equity	**98.41**					
Idem per share	**18.42**					

Fonte: Bank Degroof Equity Research Report

Dada a igualdade de resultados de avaliação se forem usados os dois modelos, a pergunta legítima que se poderá fazer é: não basta usar um (concretamente, o dos *Free Cash Flows*)? Uma das vantagens do modelo baseado em Economic Profits é que permite ter uma noção mais completa sobre o nível de rentabilidade da empresa esperado para os próximos anos, particularmente em relação ao seu grau de sustentabilidade no tempo. De facto, como iremos discutir na secção seguinte, poderão existir intervalos de rácios de Economic Profit/Capital investido que se afiguram irrealistas no quadro das características habituais de um certo sector de atividade.

Deste modo, a utilização de uma metodologia assente em Economic Profits (eventualmente como complemento à avaliação baseada em *Free Cash Flows*) poderá contribuir para uma maior precisão e realismo das estimativas de valor feitas por um analista, ajudando nomeadamente a identificar situações de excesso de realismo (ou pessimismo). Tal afigura-se muito mais difícil de fazer no quadro de uma avaliação assente em *Free Cash Flows*.

3.7. Economic Profit, lucros supranormais e equilíbrio de longo prazo

Em termos teóricos, num mercado de concorrência perfeita deveríamos esperar que os lucros supranormais obtidos por atividades económicas se aproximassem de zero. Não existindo particulares barreiras à entrada ou à saída do sector, a ocorrência de rentabilidades para os acionistas superiores às justificáveis pelas características de risco das atividades em questão levaria a um aumento de investimentos nesse negócio por parte de concorrentes. Tal exerceria pressão para uma diminuição de margens, vendas e níveis de rentabilidade até que os lucros anormais se dissipassem. De igual modo, e por razões também de sustentabilidade económica e financeira, a existência de lucros supranormais negativos (remunerações para os investidores abaixo das exigíveis em face das condições de risco dos seus investimentos) teria como consequência a redução de investimentos nessa área de atividade, desinvestimentos e possivelmente falências. Conjuntamente, esses eventos deveriam conduzir a uma redução da oferta e potenciariam um reequilíbrio de margens que permitiria o retorno a um nível de rentabilidade normal a longo prazo nesse sector.

Desse modo, seria expectável que, se o nível de concorrência de um sector fosse suficientemente elevado, os rácios de Economic Profit/Capital investido se aproximassem tendencialmente de zero. Exceções que se poderiam, todavia, esperar por prazos prolongados consistiriam, por exemplo, nas seguintes situações:

(i) Existência de barreiras legais, físicas ou financeiras à entrada de concorrentes. Por exemplo, algumas *utilities* podem assumir por esses motivos condições de monopólio ou quase monopólio;
(ii) Elevado poder de mercado. Situações de monopólio como sugerido em (i) ou decorrentes de outros motivos (ex. *predatory pricing* sobre concorrentes) ou oligopólio podem igualmente condicionar os níveis de lucratividade de um sector a registarem, de forma prolongada no tempo, taxas de rentabilidades anormais positivas;

(iii) Subvenções de Estado a atividades deficitárias por motivos políticos, sociais ou culturais podem permitir também a existência de atividades económicas estruturalmente deficitárias em termos de rentabilidade dos capitais investidos;

(iv) Existência de uma imagem de marca muito forte (possivelmente registada) junto do mercado que permite o alcance de preços *premium* em relação a concorrentes com marcas menos fortes ou marcas brancas. Em certo sentido, podemos dizer mesmo que o valor de uma marca não será mais do que o valor dos Economic Profits futuros proporcionados por essa marca (por comparação com uma marca branca onde seria expectável a existência de lucros supranormais de zero);

(v) Posse de uma tecnologia ou *know-how* proprietários que tenham características únicas proporcionando uma vantagem comparativa estável que levaria à prática de preços superiores pelos bens e serviços prestados;

(vi) Detenção de uma qualidade de gestão especialmente alta e invulgar, conduzindo a níveis de eficiência nas operações não igualados pelos demais concorrentes e a índices de rentabilidade superiores aos do sector.

Após estas considerações gerais, olhemos para algumas estatísticas. A Figura 3.2 seguinte, retirada de Kreitzman e Williams (2008), apresenta a distribuição de Economic Profits para o período de 1996 a 2005 e abrangendo as 1000 maiores empresas dos Estados Unidos:

Figura 3.2 – Distribuição de Frequência de Economic Profits (em % do Capital Investido) para as 1000 maiores empresas nos Estados Unidos (1996–2005)

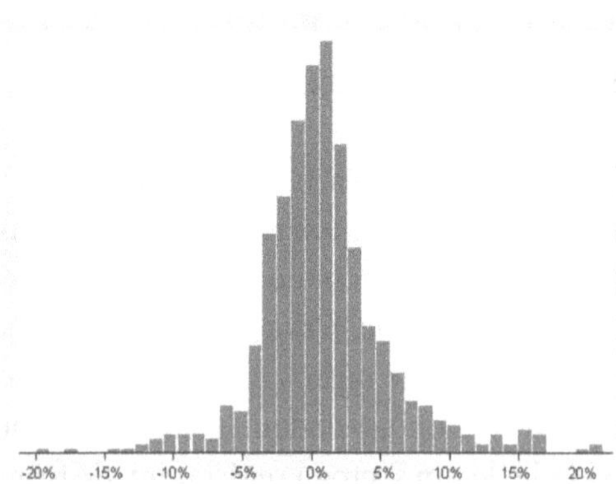

Fonte: Kreitzman e Williams (2008)

A Figura 3.2 revela que a distribuição das observações do rácio Economic Profit/Capital Investido apresenta um perfil aproximadamente normal, com uma média pouco superior a 0% (0.82% de média e 0.56% de mediana[31]). Cerca de 80% das observações parecem situar-se no intervalo de -5% a +5%. Atendendo a que estes dados se referem às maiores empresas norte-americanas (e presumivelmente, sendo empresas cotadas de maior dimensão, mais bem-sucedidas em média do que as suas rivais[32]), não será descabido assumir que o rácio de rentabilidade EP/CI seja positivo. Tal é consistente com a ideia de que, para empresas em geral (com condições concorrenciais mais intensas, dimensão mais reduzida, marcas menos fortes e poder de mercado menor), esse rácio possa estar plausivelmente em torno do zero.

Figura 3.3 – Distribuição de Economic Profit/Capital Investido para 35 sectores 1986–2005 (empresas cotadas)

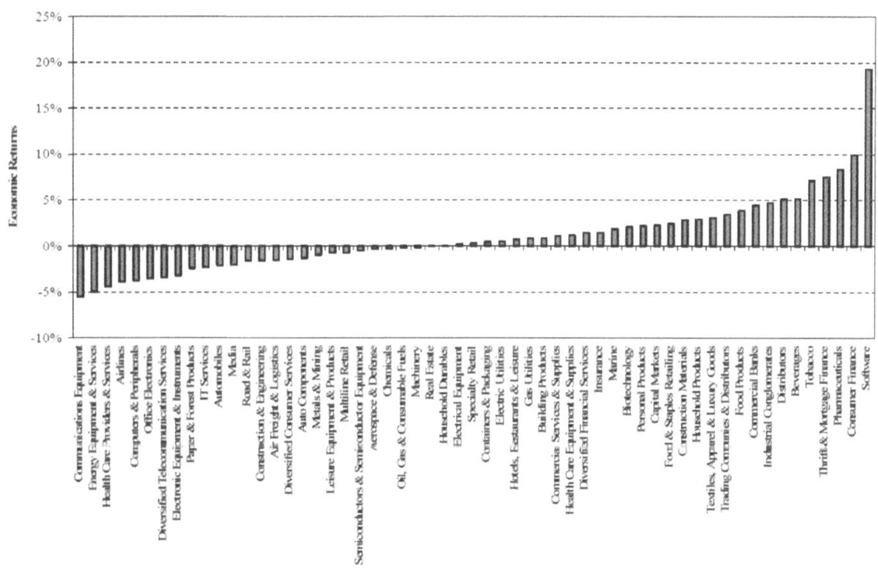

Fonte: Kreitzman e Williams (2008)

[31] Dados reportados por Kreitzman e Williams (2008).

[32] Como sugerem, aliás, Kreitzman e Williams (2008).

É sugestiva a análise do tipo de indústrias que apresentam na Figura 3.3 os níveis de rentabilidade mais elevados. Assim, no topo da escala encontramos um conjunto de sectores onde seria de algum modo expectável a observação de Economic Profits positivos no período em causa. É o caso do sector «software», com um rácio de EP/CI próximo de 18%, onde se incluem empresas como a Microsoft e Oracle, entre outras. Para esse sector, as caraterísticas proprietárias e únicas dos softwares produzidos tornarão mais difícil o alcance de níveis de competitividade sectorial suscetíveis de pressionar a rentabilidade anormal para valores de zero. De igual modo, o sector farmacêutico, pela dimensão dos investimentos necessários para produzir novos medicamentos e pelas patentes protetoras, afigura-se também como correspondendo a uma atividade na qual se poderia perspetivar o alcance, de forma duradoura no tempo, de Economic Profits substanciais (no caso, correspondentes a cerca de 8% do capital investido). Por sua vez, os sectores de tabacos e bebidas (com índices de EP/CI igualmente superiores a 5%) são áreas de atividade caracterizadas frequentemente pela existência de marcas fortes junto dos consumidores.

Já quanto à presença de alguns outros sectores no *ranking* das áreas de negócio com melhor desempenho ao nível da criação de valor, poderemos questionar-nos sobre a sua real sustentabilidade. Assim, pensemos nos sectores de «Thrift and Mortgage Finance» (instituições financeiras de poupança e de crédito imobiliário) e de «Consumer Finance» (crédito ao consumo). Não é fácil conciliar essas rentabilidades com a noção de que provavelmente se tratará de sectores em que, mais do que a marca, será o preço (ex. taxa de juro no crédito imobiliário) o principal fator competitivo, e que as barreiras à entrada não serão das maiores. Como sabemos *a posteriori*, a evolução subsequente desse sector no período 2007–09 revelou as fragilidades e falta de sustentabilidade da rentabilidade evidenciada na Figura 3.3.

Algumas ilações que poderão ser retiradas da análise das Figuras 3.2. e 3.3 são, então, que:

(i) É plausível supor que na maior parte dos sectores em que exista um nível adequado de concorrência a expectativa de um Economic Profit nulo seja perfeitamente realista;

(ii) Poderão existir sectores ou empresas em que, devido a vantagens competitivas especiais (e identificáveis), subsistem rentabilidades anormais positivas durante períodos prolongados;

(iii) Na maioria dos casos, e mesmo para empresas relativamente bem--sucedidas, um intervalo de rentabilidades habituais situa-se num patamar de rácio de EP/CI entre –5% e +5% e apenas pontualmente se afastando desse intervalo;

(iv) Quando não existem explicações plausíveis para a manutenção a longo prazo de rentabilidades anormais positivas, o mais natural é que estejamos perante situações de pouca sustentabilidade desses níveis de desempenho em termos de criação de valor, sendo de esperar que aquelas rentabilidades venham a ser corrigidas num futuro próximo.

Olhando agora para um período mais recente, obtiveram-se do website do Prof. Aswath Damodaran (http://pages.stern.nyu.edu/~adamodar/) estatísticas para o período de 2015–19 para o rácio Economic Profit/Capital Investido das empresas cotadas no mercado americano de ações (com exclusão do sector financeiro), sendo os valores sectoriais médios, medianos, máximos e mínimos os que constam da Tabela 3.4:

Tabela 3.4 – Rácios sectoriais de Economic Profit Capital Investido para empresas cotadas nos EUA (2015–19)

Ano	2015	2016	2017	2018	2019	Média 2015/19
Média	0.27%	4.68%	6.07%	5.89%	6.06%	4.59%
Mediana	6.20%	6.47%	6.92%	6.98%	6.37%	6.59%
Máximo	65.51%	64.63%	87.63%	57.12%	57.17%	66.41%
Mínimo	-14.98%	-15.17%	-13.21%	-12.72%	-9.68%	-13.15%

Fonte: Website Prof. Aswath Damodaran, http://pages.stern.nyu.edu/~adamodar/

Tal como se pode apreciar da Tabela 3.4, a média do rácio EP/CI apresenta--se no período indicado como confortavelmente superior a 0% para as maiores empresas cotadas americanas, variando nesse período a média anual entre 0% e 6% para este conjunto de empresas habitualmente consideradas como das mais bem-sucedidas nos seus sectores. Existe, todavia, uma razoável dispersão de valores por sectores, com alguns destes a registarem em alguns anos valores superiores a 60%, enquanto outros apresentam níveis de EP/CI próximos de -15%.

É interessante realçar a utilidade do conhecimento destas estatísticas no domínio da apreciação de taxas internas de rentabilidade[33] (TIR) de projetos de investimento, sobretudo dos que tenham uma dimensão apreciável e que sejam de longo prazo. Assim, se esses projetos disserem respeito a sectores onde existam poucas barreiras à entrada e um elevado número de concorrentes, não será realista presumir que essas TIR sejam muito superiores ao custo do capital empregue![34]

Adicionalmente, também haverá que referir que na determinação prática do valor de uma empresa com base em Economic Profits ou mesmo outras formas (*Free Cash Flows*, dividendos...) dever-se-á tomar em atenção em primeiro lugar que não serão fáceis de justificar a longo prazo níveis de EP/CI muito elevados como regra. Adicionalmente, mesmo quando estes sejam realistas a curto prazo, será razoável antecipar que tais valores venham a decair a longo prazo para níveis mais consonantes com um princípio de sustentabilidade financeira[35], concretamente para um valor que tendencialmente andará em torno de um Economic Profit de zero para muitos sectores de atividade.

3.8. Market Value Added, Valor das oportunidades futuras de crescimento (FGV-Future Growth Value) e valor dos ativos instalados (Value of Assets in Place)

Market Value Added

Podemos definir o Market Value Added (MVA) como a diferença entre o Valor intrínseco de uma empresa e o valor dos seus Capitais Investidos. Da equação (16) podemos extrair facilmente a conclusão de que o MVA é equivalente ao valor atual dos Economic Profits futuros:

[33] Para uma descrição mais detalhada do conceito de TIR, ver Alves *et al.* (2020, p. 97; pp. 287 e seguintes).

[34] Note-se que quando a TIR-taxa interna de rentabilidade equivale ao custo do capital teremos tendencialmente um Economic Profit de zero, como se irá desenvolver com mais detalhe em secções subsequentes.

[35] Esse cuidado deve ser tido muito especialmente na quantificação do chamado valor residual ou terminal de uma avaliação, habitualmente envolvendo a aplicação de uma perpetuidade. De facto, essa perpetuidade deverá espelhar um lucro julgado normal e sustentável a longo prazo para o sector de atividade ou empresa em questão.

$$MVA = V_o - CI_0 = \sum_{t=1}^{+\infty} \frac{EP'_t}{(1+WACC')^t} \quad (18)$$

Mais uma vez, podemos afirmar que só fará em teoria sentido atribuir a uma empresa um Valor que seja superior aos seus Capitais Investidos contabilísticos caso seja realista esperar que essa empresa venha a proporcionar Economic Profits positivos no futuro. Por outro lado, a dimensão da MVA pode ser vista de forma correta como estando associada à capacidade esperada da empresa em criar valor, sendo por esse motivo uma possível medida de desempenho, ainda que dependente da confirmação futura das expectativas existentes no momento da avaliação.

Valor das oportunidades futuras de crescimento (FGV-Future Growth Value) e valor dos ativos instalados (Value of Assets in Place)

A expressão (16) apresentada anteriormente pode ser desagregada em mais componentes que podem ser úteis para uma melhor apreciação das componentes do valor de uma empresa. Uma dessas formas consiste no entendimento que o valor atual dos Economic Profits futuros poderá ser desagregado numa parcela que corresponde a uma perpetuidade do atual Economic Profit (supostamente gerado pelo capital investido já existente) e uma outra, determinada de forma residual, associada ao valor esperado para o crescimento do Economic Profit para além do seu valor corrente. Essa última parcela corresponderá *grosso modo* ao VAL de projetos futuros de investimento ainda não concretizados ou então à consolidação dos efeitos de projetos passados que ainda não estão devidamente estabilizados. Formalmente, podemos então escrever o Valor V_0 de uma empresa da seguinte forma mais desagregada:

$$\begin{aligned} V_0 &= CI_0 + \sum_{t=1}^{+\infty} \frac{EP'_t}{(1+WACC')^t} \\ &= \left[CI_0 + \frac{EP_0}{WACC'} \right] + \left[\sum_{t=1}^{+\infty} \frac{EP'_t}{(1+WACC')^t} - \frac{EP_0}{WACC'} \right] \\ &= \text{Valor dos Ativos instalados (ou «Assets in Place»)} + \\ &\qquad + \text{ Valor Atual das oportunidades de crescimento} \\ &= \text{Current Operations Value (COV)} + \text{Future Growth Value (FGV)} \end{aligned}$$

Em termos gráficos, esta desagregação encontra-se espelhada na Figura 3.4:

Figura 3.4 – Valor dos ativos instalados («Assets in Place») e das oportunidades futuras de crescimento («Future Growth Value»)

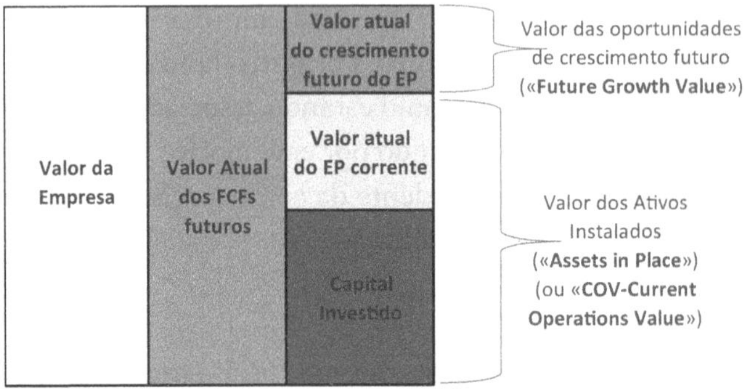

Uma das vantagens desta abordagem consiste em providenciar, a um analista financeiro que esteja a avaliar uma empresa, uma melhor perceção em relação à componente dessa avaliação que diz respeito à valorização do que «já existe» nessa empresa (presumivelmente uma componente de valor mais «certa») e a parcela que diz respeito a algo mais incerto e intangível, nomeadamente a expectativa de concretização de projetos futuros que ainda não se materializaram, ou de início de geração de rendimento de projetos já implementados mas ainda não estabilizados. Uma componente percentualmente muito expressiva para a parcela de FGV («*Future Growth Value*») deverá levar naturalmente a maiores cautelas pelo analista financeiro em relação ao realismo da avaliação em causa. A ilustração numérica 3.2 clarifica esta desagregação.

Ilustração 3.2 – Desagregação do valor de uma empresa em Current Operations Value (COV) e Future Growth Value (FGV)

Consideremos os seguintes dados para a empresa Aligator, SA (em milhões de euros), sendo S o valor de mercado atual da empresa, considerando a sua atual cotação (i.e., não se trata de uma estimativa de valor intrínseco, mas de um preço de mercado).

Rubrica	Valor
EBIT	80
T	25%
D	200
SL	300
K_D	3%
K_S	10%
S	1400

Por forma a calcular o WACC contabilístico, teremos em primeiro lugar que:

CI = Capital investido = D + SL = 200 + 300 = 500

Logo,

$$\begin{aligned} WACC &= \frac{D}{CI} k_D (1-T) + \frac{SL}{CI} k_S \\ &= \frac{200}{500} 3\%(1-25\%) + \frac{300}{500} 10\% \\ &= 6.90\% \end{aligned}$$

Por sua vez, o Economic Profit corrente da empresa será

$$\begin{aligned} EP &= EBIT(1-T) - WACC \times CI \\ &= 80(1-25\%) - 6.0\% \times 500 \\ &= 25.5 \end{aligned}$$

Em perpetuidade, o valor atual do EP corrente será dado por[36]

$$\frac{EP}{k_S} = \frac{25.5}{10\%} = 255$$

[36] Recorde-se que, uma vez que se usaram os pesos contabilísticos no WACC, a atualização dos EPs deverá ser feita de acordo com a taxa de retorno exigível pelos acionistas (kS) e não de acordo com o WACC', nos termos da equação (13).

E daí resultará a seguinte tabela de resultados:

Componente	Valor	%	Cálculo
CI	500	31.3%	= D + SL
Valor Atual EP	*255*	*15.9%*	*= EP atual/k_S*
COV	755	47.2%	= CI + EP atual/k_S
FGV	845	52.8%	= V - COV
V	**1600**	**100.0%**	**= S + D**

Da tabela anterior conclui-se que o valor de mercado atual da empresa (V) tem implícita a perspetiva de que cerca de 53% desse valor corresponde a oportunidades de investimento futuras, e apenas 47% dizendo respeito aos «Assets in Place». Se o analista entender que se trata de uma empresa estabilizada sem grandes perspetivas de aumento futuro do seu EP ou sem grandes investimentos previstos, ele poderá concluir que a avaliação não será realista. Acresce que o EP atual já corresponde a uns apreciáveis 5.1% do capital investido atual (i.e., 25.5/500), pelo que seria mesmo de perspetivar, caso se tratasse de um sector competitivo sem especiais barreiras à entrada e/ou de uma empresa com vantagens competitivas moderadas, que esse valor viesse, a médio/longo prazo, a reduzir-se, senão mesmo a tender para zero.

Sumário

- Economic Profit é a diferença entre os Resultados Operacionais Após Impostos e o custo de oportunidade do Capital Investido, entendido este último como o produto do custo médio ponderado do capital próprio e alheio (*WACC-Weighted Average Cost of Capital*) e o somatório dos capitais próprios contabilísticos e da dívida remunerada.
- O Economic Profit também pode ser escrito sob a forma de um excesso (em percentagem) da rentabilidade operacional após impostos do capital investido em relação ao custo médio ponderado do capital investido multiplicado pelo valor dos capitais totais (próprios e alheios) da empresa.
- Existem importantes diferenças entre o impacto de decisões operacionais, financeiras e estratégicas no Economic Profit em relação a outras métricas habituais de desempenho como, por exemplo, o EBITDA ou os Resultados Líquidos.

- O conceito de Economic Profit tem origens remotas, mas foi especialmente desenvolvido nos anos 90 por empresas de consultoria como a Stern Stewart & Co, e assistiu recentemente a um renascer de interesse na sequência da aquisição em 2018 pela ISS-Institutional Shareholder Services da empresa EVA Dimensions.
- Existe uma igualdade matemática entre as fórmulas de determinação do valor de uma empresa baseadas (i) na atualização de dividendos futuros, na (ii) atualização de *Free Cash Flows* ou (iii) no valor do Capital Investido adicionado do valor atual de Economic Profits futuros.
- A utilização de Economic Profit como métrica de criação de valor permite a identificação de fatores-chave de criação de valor («Key Value Drivers») que podem auxiliar ao estabelecimento de sistemas de incentivo e à tomada de decisões de gestão.
- Na generalidade dos casos, os níveis de Economic Profit/Capital Investido observáveis na prática para diferentes sectores tendem a situar-se entre -5% e +5%, sendo expectável que em sectores suficientemente concorrenciais os respetivos valores oscilem em torno de 0%.
- O chamado MVA-Market Value Added é a diferença entre o Valor de Mercado ou Intrínseco de uma empresa e o dos seus Capitais Investidos contabilísticos e corresponde em teoria à expectativa de obtenção futura de Economic Profits.
- Na base de uma avaliação assente em Economic Profits, o Valor de uma empresa pode ser desagregado entre o Valor dos Ativos Instalados («Assets in Place»), ou «COV-Current Operations Value», e o Valor das oportunidades futuras de crescimento («Future Growth Value»).

Questões

1. O valor atualizado dos Economic Profits futuros (EPs) de uma empresa já existente pode ser visto como correspondente ao
   a) valor atual dos dividendos futuros da empresa
   b) valor atual dos EPs gerados pelos ativos já existentes na empresa mais o VAL dos futuros projetos da empresa (ainda não implementados)
   c) Enterprise Value da Empresa
   d) valor atualizado dos *Free Cash Flows* futuros dessa empresa

2. Se num modelo de avaliação de uma empresa a partir de Economic Profits atualizados estivermos a atualizar estes de acordo com a taxa de retorno exigível pelos acionistas (k_S), nesse caso o que deveremos considerar no cálculo do Economic Profit?
   a) um custo médio de capital correspondente também a k_S
   b) um custo médio de capital (WACC) considerando pesos de capital próprio e de dívida a valores de mercado
   c) um custo médio de capital (WACC) considerando pesos de capital próprio e de dívida de acordo com os seus valores contabilísticos
   d) apenas o custo da dívida remunerada
3. A principal diferença entre Economic Profit e Resultado Líquido consiste em que
   a) o Resultado Líquido ignora que dividendos são um custo, contrariamente ao Economic Profit
   b) o Resultado Líquido ignora o custo de oportunidade do capital próprio, contrariamente ao Economic Profit
   c) contrariamente ao Resultado Líquido, e Economic Profit apenas considera custos explícitos
   d) contrariamente ao Economic Profit, o Resultado Líquido considera tanto os custos explícitos como os custos de oportunidade (ou «implícitos»)
4. Se o custo médio ponderado dos capitais (WACC) de uma empresa (com pesos de dívida e de capitais próprios a valores de mercado) é de 8%, o seu custo do capital próprio é de 12%, a Situação Líquida contabilística é de 100, o valor da Dívida no balanço é de 200, e o EBIT após impostos perpétuo é de 30, então o valor da empresa para os seus acionistas será de
   a) 175
   b) 375
   c) 150
   d) Outro valor
5. Foi argumentado neste capítulo que a utilização de um modelo de avaliação de empresas baseado em Economic Profit tem a vantagem de
   a) dar sempre valores diferentes (maiores ou menores) dos valores baseados em modelos de *Free Cash Flows*, os quais possuem limitações teóricas

b) na prática, poder controlar melhor a possibilidade de excesso de otimismo nas projeções
c) subavaliar de forma sistemática os valores das empresas avaliadas
d) se basear em números contabilísticos, menos voláteis que os valores dos Cash Flows

6. Os Economic Profits (EPs) de uma empresa estão relacionados com os correspondentes *Free Cash Flows* observados no mesmo período?
   a) sim, sendo num certo ano um positivo (ou negativo), o outro tenderá a ter o mesmo sinal
   b) são realidades completamente distintas, pois a primeira é contabilística e a segunda assenta em fluxos financeiros independentes de critérios contabilísticos, pelo que não existe nenhuma relação entre os dois
   c) sim, pois o valor atualizado de EPs futuros coincide com o Valor Atual dos FCFs futuros, independentemente de regras contabilísticas (desde que estas respeitem o princípio do *clean surplus accounting*)
   d) serão essencialmente idênticos desde que nos *Free Cash Flows* se ignorem as despesas de investimento em Ativos Não Correntes (Capex)
7. O Valor de uma empresa para os seus acionistas pode ser escrito como
   a) o Valor dos Capitais Investidos Totais mais o valor atual dos Economic Profits
   b) o Valor dos Capitais Investidos Totais menos o valor atual dos Economic Profits
   c) o Valor dos Capitais Investidos Totais mais o valor atual dos Economic Profits e menos a Dívida
   d) o Valor dos Capitais Investidos Totais mais o valor atual dos Economic Profits e mais a Dívida
8. Se uma empresa apresenta um Economic Profit permanentemente negativo, poderemos retirar a ilação de que
   a) se a empresa fosse cotada, a cotação em bolsa nesse período deveria acusar necessariamente um mau desempenho
   b) o capital empregue não está a ter uma remuneração compatível com utilizações alternativas
   c) a empresa tem excesso de capital próprio
   d) a empresa beneficiaria em diminuir o financiamento junto de fornecedores

9. No contexto do Economic Profit (EP), um aumento da proporção de capital investido que é financiado por endividamento terá como efeito
   a) um aumento inequívoco do EP desde que o custo do capital próprio seja superior ao custo do endividamento
   b) uma redução inequívoca do EP
   c) uma redução do EP apenas se não houver economias fiscais associadas à dedutibilidade dos juros pagos pelo endividamento
   d) um aumento ou uma redução do EP, dependendo do comportamento relativo do custo do capital próprio e alheio em função do endividamento da empresa
10. Em termos empíricos, verifica-se habitualmente que a maioria das empresas apresenta rácios Economic Profits/Capital Investido que são
    a) positivos
    b) negativos
    c) nulos
    d) entre -5% e +5%
11. Segundo o conceito de Economic Profit, se uma empresa não estiver a usar endividamento, então em condições normais isso significa que, para um Capital Investido e Resultados Operacionais constantes,
    a) o seu EP não estará a ser maximizado
    b) esse facto nunca tem impacto no EP (*versus* a situação em que o endividamento estivesse a ser usado)
    c) o seu EP será maior do que se usasse endividamento, dada a necessidade de pagar juros
    d) o seu EP será maior do que se usasse endividamento, dado que o custo do capital médio ponderado será maior na situação sem endividamento
12. Se o Capital Investido é 500, a Dívida é 100, o valor anual e constante do Economic Profit é 10, o custo do capital é 10%, então o Valor Intrínseco dos Capitais Próprios será de
    a) 400
    b) 600
    c) 500
    d) Outro valor
13. Em termos teóricos, o valor do Goodwill de uma empresa pode ser visto como
    a) o valor atualizado dos seus Economic Profits futuros

b) o valor da sobreavaliação da empresa adquirida em relação a um valor mais realista, este último correspondente ao valor atualizado dos seus *Free Cash Flows* futuros
c) o valor da empresa adquirida deduzido do valor atualizado dos seus Economic Profits futuros
d) o valor atualizado dos *Free Cash Flows* futuros gerado pelo atual capital investido

14. Pode haver diferenças entre o chamado Residual Income e o Economic Profit?
a) sim, se a empresa recorrer a endividamento
b) são sempre valores diferentes
c) em teoria não, se a taxa de juro no cálculo do WACC for a mesma que a que está implícita nos custos financeiros incluídos no Resultado Líquido
d) são conceitos sem qualquer relação entre eles

15. Assumindo que o valor contabilístico da Dívida corresponde também ao seu valor de mercado, o chamado Market Value Added corresponde em teoria
a) ao valor atual dos EPs futuros da empresa
b) ao valor do chamado Goodwill de uma empresa
c) ao valor criado para os acionistas acima do valor contabilístico do seu investimento
d) todos os anteriores estão corretos

16. Se uma empresa tem Resultados Operacionais após Impostos perpétuos de 10, Ativo Total de 100, Situação Líquida de 20, Passivos de Funcionamento de 30, custo médio do capital (com bases em pesos contabilísticos de Dívida e Capitais Próprios) de 8% e taxa de remuneração exigida pelos acionistas de 10%, então o Valor da empresa para os seus acionistas será de:
a) 64
b) 114
c) 75
d) outro valor

17. Segundo o conceito de Economic Profit, e num mercado eficiente, uma empresa que apresente sistematicamente Economics Profits negativos quando a expectativa inicial dos acionistas era EPs de zero, deveria ter em teoria
a) retornos acionistas negativos

b) retornos acionistas inferiores aos exigidos
c) retornos acionistas constantes
d) retornos acionistas positivos

18. A evidência empírica sugere que
    a) a maioria das empresas tem valores de EP em relação aos capitais investidos superiores a 5%
    b) a maioria das empresas tem valores de EP em relação aos capitais investidos superiores a 10%
    c) a maioria das empresas tem valores de EP em relação aos capitais investidos inferiores a 5%
    d) a maioria das empresas tem valores de EP em relação aos capitais investidos inferiores a -5%
19. Num negócio que não tenha especiais barreiras à entrada e saída, nem tecnologias ou marcas patenteadas, será de esperar que, em condições normais, a longo prazo seja obtido um rácio de Economic Profit/Capital Investido
    a) igual ao custo do capital próprio da empresa
    b) igual ao custo médio ponderado do capital próprio e alheio (WACC)
    c) igual a zero
    d) igual ou superior a 5%
20. O Economic Profit (EP) distingue-se do Resultado Líquido, entre outras coisas, porque
    a) o EP ignora os juros pagos pelo Endividamento da empresa
    b) o EP apenas considera os impostos incidentes sobre os Resultados Operacionais (EBIT)
    c) o EP ignora a importância do investimento em Fundo de Maneio (Créditos e Existências, líquido de Fornecedores e outros Passivos Não Remunerados)
    d) o EP incorpora o custo de oportunidade do Capital Próprio
21. O chamado MVA-Market Value Added corresponde
    a) ao Goodwill pago pela aquisição de uma empresa
    b) ao valor atual dos EPs futuros de uma empresa
    c) à diferença entre o Valor de Mercado e os Capitais Investidos
    d) todos os anteriores
22. Uma preocupação com a sustentabilidade a longo prazo de uma empresa inserida num mercado competitivo deveria levar à consideração de que

um bom objetivo de longo prazo para o Economic Profit (em % do Capital Investido) seja geralmente

a) acima de 15%
b) um valor próximo do da rentabilidade média para o mercado de ações (i. e., próximo de 10% no caso do mercado americano)
c) acima de 5%
d) nenhum dos anteriores

23. Se calcularmos o Valor de uma empresa com base em Economic Profits futuros definidos de acordo com um custo médio do capital baseado em pesos contabilísticos de capital próprio e alheio, a taxa de atualização destes deverá ser necessariamente
    a) o custo do capital próprio
    b) o custo médio ponderado do capital próprio e alheio, sendo os pesos baseados em valores contabilísticos
    c) o custo médio ponderado do capital próprio e alheio, sendo os pesos baseados no valor intrínseco (ou de mercado) dos capitais próprios e alheios
    d) o custo do capital alheio
24. Se numa empresa os Capitais Investidos contabilísticos são 400, o valor da dívida (de mercado e a valor contabilístico) é 100 e o Economic Profit atual é igual a 20, então se o Valor das Future Growth Opportunities (FGO) for de 150, o custo do capital for de 10%, então o valor intrínseco dos capitais próprios deverá ser
    a) 650
    b) 750
    c) 500
    d) outro valor
25. Uma empresa com um custo do capital de 10% tem 1000 de Capital Investido e os seus Ativos Líquidos atuais (Assets in Place) geram atualmente em perpetuidade um EP de 3% do Capital Investido. Se o Enterprise Value da Empresa for de 1500, então o chamado valor das FGO-Future Growth Opportunities será de
    a) 300
    b) 500
    c) 200
    d) outro valor

26. O chamado Market Value Added pode ser visto como sendo o mesmo que
    a) Goodwill
    b) o valor atual dos Economic Profits futuros
    c) a vantagem adicional de manter a empresa em funcionamento em vez de a liquidar
    d) todos os anteriores são corretos
27. Se os Economic Profits de uma empresa são sistematicamente negativos, isso pode ser interpretado como significando que
    a) os acionistas não estão a usufruir de uma remuneração justa pelos capitais por si investidos na empresa, considerando o risco existente
    b) os capitais investidos na empresa poderão em teoria ser melhor remunerados fora dessa empresa
    c) a empresa vale em teoria mais caso pudesse ser liquidada pelo valor contabilístico dos seus ativos deduzido dos seus passivos, do que se for mantida em funcionamento de exploração
    d) todos os anteriores são corretos

Soluções

1. b)
2. c)
3. b)
4. a) Nota: EP = 30 – 8% × (100 + 200) = 6; S = 100 + 6/8% = 175
5. b)
6. c)
7. c)
8. b)
9. d)
10. d)
11. a)
12. c) Nota: S = 500 – 100 + 10/10% = 500
13. a)
14. c)
15. d)

16. a) Nota: 64 = 20 + (10 – 8% × (100 – 30))/10%
17. b)
18. c)
19. c)
20. d)
21. d)
22. d)
23. a)
24. a) Nota: 650 = 400 + 20/10% + 150 – 100
25. c) Nota: 1500 = 1000 + 3% × 1000 / 10% + FGO; Logo, FGO = 200
26. d)
27. d)

4

Economic Profit e a Gestão de Ativos Correntes ou de Longo Prazo

4.1. Componentes do Capital Investido

Conforme referido no capítulo anterior, podemos analisar o Capital Investido tanto do ponto de vista das suas aplicações (em ativos Não Correntes ANC e fundo de maneio FM) ou na perspetiva da sua forma de financiamento (capitais próprios ou dívida remunerada).

Neste contexto, é de salientar, mais uma vez, que o conceito de Ativo Total que encontramos habitualmente no Balanço não é aquele que é diretamente usado para a determinação do Capital Investido, pois que teremos que considerar o Fundo de Maneio (simplificadamente, existências mais créditos sobre clientes menos dívidas a fornecedores). Neste capítulo iremos não só analisar os Ativos Não Correntes e o Fundo de Maneio à luz do Economic Profit, mas teceremos igualmente algumas considerações sobre a questão da gestão dos excedentes financeiros e das recompras de ações.

Será assim de salientar que os Ativos a considerar no cálculo do EP deverão incluir:

- Ativos Não Correntes (terrenos, edifícios, equipamentos...)
- Participações financeiras
- Ativos Não Correntes (líquidos), a saber,
  créditos sobre clientes

existências
adiantamentos a fornecedores
(deduzidos de adiantamentos de clientes e dívidas a fornecedores)

- Disponibilidades de caixa e equivalentes (incluindo aplicações financeiras)

A Figura 4.1. apresentada de seguida mostra as duas formas referidas de encarar as componentes do Capital Investido para efeitos da determinação do Economic Profit:

Figura 4.1 – Componentes do Capital Investido

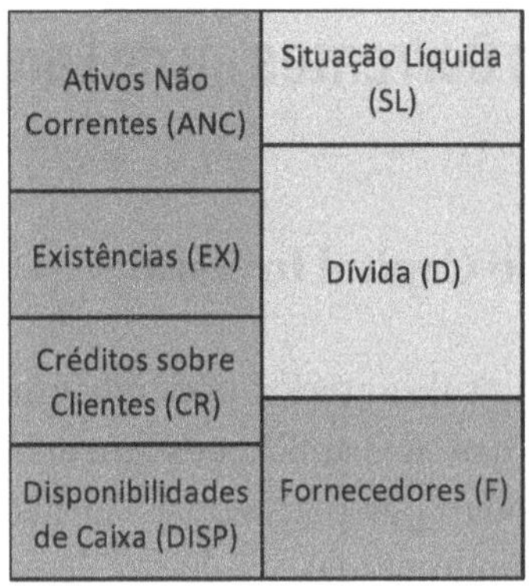

Assim, podemos escrever:

(i) Na perspetiva das aplicações: Capital Investido = CI = ANC + EX + CR + DISP - F
(ii) Na perspetiva do financiamento: Capital Investido = CI = SL + D

4.2. Economic Profit e a gestão de existências

Uma pergunta que nos poderemos colocar é a seguinte: qual o efeito sobre o Economic Profit (e consequentemente, sobre o valor da empresa, à luz dos resultados mostrados no Capítulo 3) decorrente de uma redução do nível dos *stocks*, mantendo tudo o mais constante (nomeadamente o nível de vendas e satisfação dos clientes)?

Para responder a essa questão, temos primeiro que relembrar o conceito de *Free Cash Flow*. Indo ao detalhe, o *Free Cash Flow* gerado por uma empresa pode ser calculado da seguinte forma[37]:

+ EBIT
. Impostos sobre o EBIT
+ Amortizações do exercício
– Variação de existências
– Variação de créditos sobre clientes[38]
+ Variação de débitos a fornecedores
– Despesas de investimento em Ativos Não Correntes (Capital Expenditures, ou Capex)
= *Free Cash Flow*

Deste modo, se se verificar uma diminuição do nível de existências, podemos concluir, dado o sinal negativo afeto às variações desta rubrica do *Free Cash Flow*, que tal levará a uma maior geração de dinheiro (disponibilidades de caixa).

Note-se que, assim sendo, na verdade o total do Capital Investido não se altera (trata-se de uma redução das existências com uma contrapartida noutra rubrica do ativo, i.e., as disponibilidades de caixa). Todavia, a empresa tem agora ao seu dispor uma opção adicional que resulta da flexibilidade associada à maior liquidez agora disponível. Assim, poderá agora decidir fazer uma de duas coisas:

(i) Utilizar o incremento do dinheiro disponível para reduzir o nível de endividamento, pagar dividendos ou recomprar ações. Tal não irá alterar os resultados operacionais após impostos, EBIT(1-T), usados no cálculo do Economic Profit, mas alterará agora o nível do Capital Investido, pelo que o Economic Profit irá aumentar (pressupondo que se mantém inalterado o WACC[39]);

[37] Ver Farinha (1993).

[38] Rigorosamente, deve incluir também a variação de outros ativos correntes, como seja o caso dos adiantamentos a fornecedores e dos acréscimos e diferimentos de natureza operacional.

[39] O que rigorosamente só sucederá se os capitais próprios e a dívida remunerada se reduzirem nas estritas proporções dessas fontes de financiamento expressas no WACC.

(ii) Utilizar o dinheiro gerado pela redução de existências para investir em novos projetos (Ativos Não Correntes) suscetíveis de levar a um incremento dos resultados operacionais após impostos, EBIT(1-.T). Tal não alterará o valor do Capital Investido, mas o efeito sobre o Economic Profit será positivo, dado o aumento do nível dos resultados operacionais após impostos.

Uma terceira alternativa seria manter o nível, agora aumentado, de disponibilidades financeiras, sob a forma de aplicações financeiras remuneradas. Conforme iremos detalhar no Capítulo 5, as receitas financeiras associadas a essas aplicações também deverão ser adicionadas ao EBIT para efeito do cálculo do Economic Profit, levando desse modo também a um aumento do EP (ainda que geralmente a um nível mais baixo do que as alternativas (i) e (ii)).

4.3. Economic Profit e a Gestão de Créditos sobre Clientes

A mesma lógica se repete agora quando pensamos em termos da gestão de créditos sobre clientes. De forma em tudo idêntica ao caso das existências, uma redução do nível de créditos operacionais, mantendo tudo o mais constante (sobretudo o nível das vendas), irá libertar mais meios financeiros, permitindo posteriormente um aumento do Economic Profit em qualquer das alternativas possíveis (redução do capital investido ou melhoria da geração dos resultados operacionais por via da implementação de novos projetos rentáveis).

Saliente-se que, em alguns casos extremos, mesmo que o aperto de condições de prazo de crédito a clientes possa levar a uma contração de vendas, se essa redução de receitas se associar a clientes de rentabilidade mais marginal, pode perfeitamente acontecer que, apesar da redução potencial do EBIT, o efeito de diminuição do custo de oportunidade do capital investido possa por vezes ser suficientemente forte para levar no final a uma melhoria do Economic Profit.

4.4. Economic Profit e a Gestão de Dívidas a Fornecedores

A narrativa será agora oposta no caso da gestão de dívidas a fornecedores. Tudo o mais constante, e seguindo o conceito de *Free Cash Flow* atrás exposto, um aumento dos prazos de dívidas a fornecedores permite potencialmente uma maior geração de fluxos de caixa operacionais. Em consequência, derivarão daí as mesmas vantagens posteriores de potenciamento de uma subida de Economic Profit por via da redução subsequente do Capital Investido ou do aumento do EBIT em resultado da possibilidade de implementação de novos projetos rentáveis com o dinheiro agora gerado.

Há, todavia, que chamar a atenção sobre uma relevante questão que poderá ser suscitada numa situação deste género, e que se prende com a dimensão da sustentabilidade (e responsabilidade social). De facto, se for efetuado um esforço cego de utilização de elevado poder negocial por parte de uma empresa sobre os seus fornecedores no sentido de forçar estes a aceitar prazos de pagamento insustentáveis ou suscetíveis de conduzir a desequilíbrios financeiros injustamente impostos sobre esses parceiros de negócio, isso poderá levar ao rompimento, voluntário ou involuntário, da relação negocial. Em consequência, torna-se possível que, numa lógica de contínuo aperto de condições junto de fornecedores (tanto a nível de prazos como de margens de lucro permitidas) sem garantias de que tal seja economicamente justificável ou sustentável, a empresa acabe por ter de recorrer a fornecedores alternativos progressivamente mais marginais e sem garantia de respeitarem todos os compromissos ambientais, sociais ou mesmo legais (que naturalmente envolvem custos). Em resultado, pode a empresa estar a criar uma situação de insustentabilidade a longo prazo, tornando ilusória a sua real capacidade de criação de valor num horizonte temporal mais alargado.

Deste modo, e esta é uma ilação mais geral, qualquer medida tendente a melhorar o Economic Profit só fará sentido se for adequadamente aferida em termos de um horizonte de longo prazo, com uma especial preocupação sobre a sustentabilidade das relações criadas com os demais *stakeholders* (clientes, fornecedores, colaboradores, Estado, ambiente, etc.).

4.5. Economic Profit e a Gestão de *Cash* Excedentário/Recompra de Ações

Uma terceira questão que pode ser colocada consiste nos efeitos, sobre o Economic Profit e a criação de valor a longo prazo, decorrentes da existência de elevados níveis de disponibilidades de caixa e de aplicações financeiras excedentárias.

Em primeiro lugar, e como já referido anteriormente, deveremos reparar que na prática as receitas de aplicações financeiras associadas à existência de disponibilidades de caixa excedentárias deverão ser adicionadas aos resultados operacionais (EBIT) para efeitos da determinação na prática do Economic Profit. Note-se que não fazer dessa forma criaria um desequilíbrio injustificado, pois que o Capital Investido inclui esse *cash* e sobre o seu valor incidirá o custo de oportunidade associado ao WACC. Logo, para compensar esse custo de oportunidade torna-se legítimo que se inclua o respetivo confronto com o rendimento gerado por essas mesmas disponibilidades financeiras.

Atendendo ao exposto, então uma resposta simples à questão inicialmente colocada seria que, e de uma forma direta, a existência de disponibilidades financeiras excedentárias geralmente levará a uma redução do Economic Profit. Isto porque geralmente se verifica que o rendimento financeiro dessas disponibilidades de caixa será a mais das vezes substancialmente inferior ao do custo de oportunidade do capital da empresa, expresso sob a forma do custo médio ponderado do capital (WACC).

Consistente com essa ideia, geralmente observa-se no mercado de ações que o anúncio, por parte de empresas, de que irá ser realizada uma recompra de ações (frequentemente associada a empresas com excesso de liquidez) é acompanhado por uma subida das respetivas cotações.[40] Tal observação está de acordo com a ideia de que o mercado pode estar a reconhecer que a redução de capital investido acarretada pela decisão de recompra de ações

[40] Ver, por exemplo, Vermaelen (1981). Note-se que uma visão oposta seria a de que o anúncio de recompra de ações poderia ser interpretado como sinalizando a ausência de oportunidades de investimento rentáveis na empresa, sinal que levaria a uma quebra do preço das suas ações. Essa visão não está refletida, todavia, na evidência empiricamente observável nos mercados de ações.

leva a uma redução do custo de oportunidade desse capital que compensa largamente a perda de receita financeira associada às respetivas disponibilidades excedentárias.

Essa resposta será, todavia, simplista. De forma semelhante às observações sobre sustentabilidade e sobre a necessidade de uma visão de longo prazo em matéria de gestão de dívidas a fornecedores, não podemos ser alheios à importância que poderá ter a longo prazo a questão da flexibilidade e resiliência financeiras.

Como sabiamente afirmou o conhecido investidor Warren Buffett, na sua famosa carta de 2008 aos acionistas da Berkshire Heathaway:

> *«Eu prometi – a vós, às agências de* rating *e a mim mesmo – que iria gerir a Berkshire sempre com ampla folga financeira. Nós não queremos ter de contar com a generosidade de estranhos para cumprir com as nossas obrigações de amanhã. Se tiver de escolher (entre ter ou não elevadas disponibilidades financeiras), não perderei uma única noite de sono para escolher a possibilidade de obtenção de lucros adicionais.»*

Relembre-se a este propósito, que Warren Buffett por diversas vezes retirou elevados proveitos pelo facto de manter a todo o tempo uma elevada folga financeira. Um exemplo recente ocorreu na esteira da crise financeira de 2008–09 que afetou de forma muito grave o sector bancário nos Estados Unidos. Assim, em 2011 o Bank of America necessitava de fazer reforços do seu capital para fazer face às provisões e imparidades associadas à degradação da sua carteira de crédito. Estando a cotação da sua ação em mínimos históricos (quebra de 45% desde o período anterior à crise do *sub-prime*), tornava-se difícil convencer os acionistas a reforçar o seu capital para cumprir com a obrigação regulatória de um nível mínimo de capitais permanentes, sobretudo dada a elevada dimensão do capital adicional necessário. Neste contexto, Warren Buffett, um dos poucos investidores com suficientes reservas financeiras disponíveis na altura, foi abordado e acordou com o Bank of America (BoA) uma operação financeira na qual (i) a Berkshire Heathaway (BH) adquiriria 5000 milhões de dólares de ações preferenciais (que qualificavam para o reforço dos rácios bancários de capital) pagando uma remuneração preferencial de 6% ao ano e sendo remíveis por iniciativa do BoA com um prémio de 250 milhões de dólares. (ii) Simultaneamente, foram concedidos à BH *warrants* (direito de aquisição) sobre 700 milhões de ações do BoA com um prazo de 10 anos e um preço de exercício correspondente à cotação na altura do negócio em 2011 (7.14 dólares), exercíveis a qualquer momento durante esse prazo. Consciente de que os problemas enfrentados pelo BoA poderiam ser ultrapassados com esse reforço de capitais, o negócio afigurava-se para Warren Buffett como de risco reduzido mas apenas disponível para um investidor como ele devido à sua elevada folga financeira. O resultado dessa operação financeira era fácil de adivinhar: em junho de 2017, Warren Buffett anunciou que iria exercer os direitos de aquisição das ações do BoA numa altura em que as cotações desse banco atingiam 24.32 dólares por ação, permitindo uma mais-valia de cerca de 12 000 milhões de dólares (sem contar com os rendimentos de 6% das ações preferenciais).

É interessante notar que este tipo de investimentos por parte de Warren Buffett é bastante recorrente (por exemplo, ocorreu em 2008 uma operação semelhante com a Goldman Sachs e em 2019 uma outra com a Occidental Petroleum). Sem pretender retirar naturalmente daqui a ideia de que as empresas em geral deveriam estar a fazer operações financeiras deste tipo, realce-se todavia a ilação importante de que a existência de uma folga financeira significativa (mesmo que com prejuízo a curto prazo do Economic Profit diretamente gerado por essas disponibilidades financeiras) pode permitir a uma empresa uma importante flexibilidade financeira. Essa flexibilidade pode ser crucial para aproveitar oportunidades de investimento onde seja essencial atuar de forma mais rápida do que os seus concorrentes (por exemplo, uma proposta de aquisição a preços atraentes de uma empresa onde é possível criar sinergias). Ou ainda para simplesmente ter uma maior capacidade de resistência e resiliência a situações de crise económica ou sectorial, particularmente (mas não exclusivamente) quando o seu sector tem oscilações cíclicas.

Neste sentido, alguns autores (ver, por exemplo, Passov 2003) alegam que a detenção de elevadas folgas financeiras sob a forma de dívida líquida negativa (Dívida menos disponibilidade de *cash*) podem ser escolhas ótimas para empresas com alguma(s) destas características:

(i) Empresas em fase de *start-up*, onde a maior parte do seu valor se centra na capacidade de concretizar ideias de investimento (o que atrás chamamos de «Future Gowth Value») e onde valor dos ativos instalados («Assets in Place») é relativamente reduzido. Para essas empresas, a existência de restrições financeiras e dificuldades de financiamento externo pode conduzir ao abandono de investimentos onde se concentra a maior parte do seu valor potencial, comprometendo a sua sobrevivência. Ou, no mínimo, pode obrigar a empresa a pagar um elevado custo por financiamento de investidores que veem excesso de riscos nesses investimentos ou que meramente se querem aproveitar de uma fragilidade financeira da contraparte (como sucedeu no caso do negócio entre o BoA e a BH);

(ii) Empresas que, não sendo propriamente *start-ups*, necessitam de continuamente investir em despesas de Investigação e Desenvolvimento (I&D) como forma de preservar ou expandir o seu valor de longo prazo. Essas empresas não poderão prescindir de uma elevada folga financeira por forma a não ficarem dependentes em momentos críticos da «generosidade de estranhos» (na linguagem de Warren Buffett), os quais imporão custos exorbitantes para as empresas conseguirem concretizar os seus investimentos (ou simplesmente não se disporão a financiá-los[41]). Tal poderá ser o caso, por exemplo, da indústria farmacêutica, que necessita de continuamente investir no desenvolvimento de novas drogas medicinais, geralmente um processo muito longo, custoso e de retorno incerto;

(iii) Empresas com elevado carácter cíclico da sua atividade e relevante peso de custos fixos operacionais. Essas empresas, que incluirão sectores como a de produção de bens de equipamento ou construção e obras públicas, têm uma elevada volatilidade dos seus resultados e entram mais facilmente em rotura financeira num contexto de crise geral do seu sector ou da economia em geral. Em consequência, a sua resiliência e sobrevivência a longo prazo pode ser ajudada pela existência de uma estrutura de capitais especialmente conservadora e de uma folga financeira apreciável (como, por exemplo, uma dívida líquida negativa).

[41] Atrevemo-nos a pensar que esta recomendação é igualmente muito apropriada a Estados menos preocupados com questões de equilíbrio orçamental de longo prazo e que assim se colocam de forma voluntária, mas menos refletida, subsequentemente na mercê da dependência da generosidade de credores externos!

As considerações anteriores reforçam deste modo, mais uma vez, a ideia de que a análise do impacto de uma decisão de gestão em sede de Economic Profit não deve descuidar a contemplação de uma dimensão de longo prazo nessa análise, com uma atenção muito especial às questões de sustentabilidade e resiliência, e sem deixar de ter em atenção, por esses motivos, os seus efeitos sobre os restantes *stakeholders*, mesmo mantendo um objetivo de criação de valor financeiro a longo prazo.

4.6. Economic Profit e Decisões de Descontos de Pronto Pagamento

Uma relevante ilustração da utilização da lógica do Economic Profit aplicada à gestão de rubricas do ativo corrente (Fundo de Maneio) reside na apreciação de políticas de desconto de pronto pagamento.

A lógica financeira mais corrente de análise de decisões sobre políticas de desconto de pronto pagamento para clientes reside na comparação entre as condições de financiamento de curto prazo que uma empresa pode obter no sistema bancário e o montante do desconto que pode ser oferecido a um cliente que habitualmente paga a prazo. De igual modo, a decisão sobre o aproveitamento de um desconto de pronto pagamento oferecido por um fornecedor analisa o proveito oferecido em relação ao custo do financiamento necessário para o aproveitar.

O exemplo seguinte ilustra os cálculos financeiros típicos para uma situação destas, seguido de uma análise alternativa numa lógica de Economic Profit.

Ilustração 4.1 – Definição de uma política de descontos de pronto pagamento a clientes

Suponhamos que um cliente X propõe à empresa Y o pagamento imediato das suas faturas (geralmente regularizadas ao fim de 3 meses) com um desconto de 2%. Atualmente, a empresa Y utiliza uma linha de descoberto bancário com uma taxa de juro anual de 5% (composta todos os 3 meses). Admitamos que o custo do capital próprio seja de 12% anual nominal (com capitalização trimestral). Por simplificação, assumamos que não existem impostos sobre lucros.

Pergunta-se: será um bom negócio para a empresa Y? E qual o impacto no Economic Profit (EP)?

Suponhamos, por exemplo, uma fatura de 100 000 euros devida a 3 meses. Numa análise financeira típica, o raciocínio seria o seguinte: se a empresa Y aceitar a proposta de X, receberá 98 000 euros agora. Estes 98 000 euros poderão ser usados para reembolsar a linha de crédito bancário poupando a Y, após 3 meses, o valor de 98 000 x 5% /4 = 1225 euros. Logo, com um custo de 2000 euros, a empresa Y irá ter um benefício de apenas 1225 euros!

Logo, desde que a taxa de desconto de pronto pagamento não exceda a correspondente taxa de juro bancária do mesmo período (5%/4 = 1.25%), há vantagem em aceitar a oferta do cliente.

Por outras palavras, a taxa implícita do financiamento oferecido pelo cliente (este está de facto a emprestar dinheiro a Y) é maior do que a taxa de juro de financiamento bancário (2% *versus* 1.25%).

Notar que, em bom rigor, o custo total do empréstimo do cliente é 100 000 /98,000 – 1 = 2.04% para um período de 3 meses, correspondente a uma Taxa Anual Efetiva[42] de (1 + 2.04%) 4 – 1 = 8.4%. Em comparação, a Taxa Anual Efetiva (TAE) do banco é de apenas (1 + 5%/4) 4 – 1 = 5.09%.

Numa análise expressa sob a forma de Economic Profits, a abordagem anterior corresponde a pensar o seguinte: aceitar o desconto de pronto pagamento criará um custo (que incluiremos na nossa medida de EBIT, pois que deixamos de receber de clientes esse valor) de 2000 euros. Adicionalmente, essa aceitação irá reduzir o Capital Investido em 100 000 (o valor inicialmente aí inscrito como crédito sobre clientes), redução essa causada por um prejuízo (2000 euros) e pela redução de empréstimos (98 000 euros), desta forma poupando um custo do capital (Dívida neste caso) de 1.25% em 3 meses sobre a redução do empréstimo.

Por outras palavras,

Variação no EP = Variação no EBIT – taxa de juro × Variação no Endividamento – taxa de custo do capital próprio × Variação na Situação Líquida = –2,000 – 1.25% × (–98,000) – 12%/4 × (–2000) = –715

[42] Para este e outros conceitos de cálculo financeiro relevantes para a determinação do custo de financiamentos, recomendamos Alves *et al.* (2019).

Confirmando os cálculos anteriormente feitos segundo a lógica financeira mais habitual, mais uma vez, não parece um bom negócio.

Mas pensemos de uma forma mais aprofundada nesta questão: suponhamos que a firma Y está atualmente a querer financiar o seu Capital Investido de acordo com uma certa taxa de endividamento (assumamos que seja 40% do Capital Investido), proporção essa que, à luz de um princípio de sustentabilidade financeira, lhe parece adequada às características da sua atividade.

Nesse caso, o seu custo médio ponderado do capital (WACC) será atualmente de 9.2% (= 40% × 5% + (1 – 40%) × 12%).

Se o Cliente X paga agora adiantadamente a fatura, então, para manter o mesmo objetivo de estrutura de capitais, os fundos libertados deveriam em teoria ser utilizados para reembolsar dívida mas também para devolver fundos aos acionistas (via dividendos ou recompra de ações), nas proporções da estrutura de capitais fixada como objetivo (40% de dívida e 60% de capitais próprios).

Logo, o efeito no Economic Profit deveria ser antes o seguinte:

$$\text{Variação no EP} = -2{,}000 - 9.2\%/4 \times (-100{,}000) = +300$$

Nestes termos, a empresa Y estará agora interessada em aceitar o desconto de pronto pagamento do cliente X!

Repare-se que este segundo raciocínio é de facto o mais adequado numa lógica de Gestão Baseada no Valor (sustentável e de longo prazo). Não é, na verdade, razoável pensar que quaisquer fundos que por algum motivo estejam disponíveis na empresa para devolver aos financiadores tenham de privilegiar os credores por empréstimos, tal como também não será legítimo esperar que quaisquer necessidades de financiamento devam ser necessariamente cobertas por endividamento. Numa lógica que privilegie a sustentabilidade financeira de uma empresa a longo prazo, tanto o financiamento de projetos como outras decisões operacionais que usem fundos ao dispor da empresa deverão assumir que todos e quaisquer fundos terão um custo de oportunidade igual ao WACC, baseado este no pressuposto de um objetivo adequado de estrutura de capitais próprios e alheios. E de igual modo, a utilização de quaisquer fundos que estejam disponíveis para reduzir o Capital Investido deverá assumir o ensejo de manter essa mesma estrutura de capitais de longo prazo.

Essa lógica de privilegiar sempre o WACC de longo prazo deve mesmo sobrepor-se ao reconhecimento da forma de financiamento que especificamente seja utilizada num caso concreto. Repare-se aliás o que sucederia, usando os dados anteriores, numa situação deste género: imagine-se que a empresa Y agora analisa um projeto com uma TIR de 6% e pretende nesse caso concreto (mas sem prescindir da sua estrutura de capitais de longo prazo) financiar esse projeto com endividamento que lhe custa 5%. Se privilegiar a comparação da TIR com o custo do financiamento especificamente usado nesse projeto, então sendo a TIR > custo do endividamento, o projeto seria aceite. O problema, contudo, é que sendo essencial para a sustentabilidade da empresa a manutenção do seu *mix* de 40% de capitais alheios e 60% de capitais próprios, haverá um momento no futuro em que um novo projeto terá de ser financiado com capitais próprios. Suponhamos que a TIR desse projeto futuro seria de 10%. Como nesse caso o financiamento usará recursos de capital próprio com um custo de 12%, esse projeto será rejeitado (10%<12%). Logo, a empresa aceitou inicialmente um projeto com uma TIR de 6% e depois rejeitou outro com uma TIR de 10%! Esse problema seria evitado se desde logo, e para ambos os projetos, a empresa tivesse usado o WACC de 9,2%, caso em que corretamente rejeitaria o primeiro projeto e aceitaria o segundo.

Resumindo, por um lado podemos concluir que o conceito de Economic Profit permite abordar de forma adequada decisões financeiras de curto prazo como é o caso da definição de descontos de pronto pagamento.

Adicionalmente, podemos ainda retirar a conclusão, auxiliada pela utilização dos conceitos de VBM e EPO, de que todas as decisões financeiras de uma empresa que consumam ou tornem disponíveis recursos para devolver a financiadores devem assumir a todo o tempo que o custo de oportunidade do capital seja o WACC, com pesos de capital alheio e próprio que sejam consistentes com a sustentabilidade financeira de longo prazo da empresa. E isso é aplicável não só às decisões de definição de políticas de descontos de pronto pagamento (como no caso descrito nesta secção), como também genericamente para qualquer decisão operacional de uma empresa (envolvendo rubricas de fundo de maneio ou de Ativos Não Correntes).

4.7. Economic Profit e Decisões de Investimento ou Desinvestimento

Uma lógica de Economic Profit pode passar adicionalmente também pelo escrutínio de oportunidades de investimento ou de desinvestimento.

Deixando de lado para já as questões mais técnicas sobre a relação entre a análise de investimentos e o conceito de Economic Profit, que serão objeto de estudo mais detalhado no Capítulo 5, repare-se que numa empresa que possua diversas áreas de negócio será imprescindível uma monitorização cuidada da capacidade de cada uma dessas áreas em gerar valor de logo prazo e sustentável.

Por outro lado, novas oportunidades de investimento têm de ser aferidas de acordo com critérios não somente estratégicos como financeiros e nessa análise mais financeira o recurso ao conceito de Economic Profit pode complementar a abordagem mais tradicional realizada com recurso aos conceitos de VAL e TIR, entre outros.

No que respeita à monitorização da capacidade de geração de valor por parte das áreas de negócio existentes, note-se que a aplicação do conceito de Economic Profit carece do seguinte:

- Existência prévia de um balanço e conta de resultados separados (ou separável) para cada área de negócio por forma a ser possível identificar sem ambiguidades o Capital Investido e os Resultados Operacionais afetos a essas atividades.
- Inexistência de distorções na informação contabilística proporcionada para cada área de atividades por força de preços de transferência na prestação de bens e serviços entre diferentes negócios, ou de utilização não adequadamente relevada, de ativos comuns. Por princípio, a determinação de preços de transferência deve basear-se em preços de mercado para bens e serviços equivalentes, e a utilização de recursos comuns deve também ser remunerada nessa mesma base (como, por exemplo, o aluguer de instalações partilhadas por diversas áreas de negócio, ou ainda a alocação de tempo de gestão por parte da Administração).
- Consideração, na determinação do custo do capital de cada área de negócios, das suas características intrínsecas de risco operacional e financeiro. Isso significa, por exemplo, que áreas de risco maior não

poderão estar a ser subsidiadas pelas ligações a outras de menor risco ou por garantias prestadas pelo Grupo como um todo aos credores financeiros dessa área específica. Por outras palavras, o risco implícito no custo de capital dessa área de negócios deveria assumir o mais possível as características de risco numa base de *stand-alone* correspondente ao contributo efetivo para o risco do Grupo de atividades como um todo.

Um exemplo, que pode ser revisto agora, da análise da formação de valor por áreas de negócio foi já apresentado no Capítulo 1 (Tabela 1.1) com o caso da Bayer. Essa empresa desenvolveu o reporte da sua criação de valor não só para o Grupo como um todo como para quatro áreas essenciais de atividade (farmacêutica, saúde do consumidor, ciências da agricultura e saúde animal).

Seja como for, é de salientar que a mensuração e o acompanhamento da capacidade de uma área de negócios em criar valor é apenas uma das dimensões a considerar numa eventual decisão de reforçar ou desinvestir a presença nessa área, sendo que considerações, entre outras, ao nível estratégico, tecnológico, social e ambiental serão certamente relevantes.

Relativamente a desinvestimentos, numa visão de criação de valor, a observação de áreas de negócio com Economic Profits prolongadamente negativos e sem perspetivas de inversão e sem especiais sinergias com outras atividades de uma empresa podem ser legitimamente interpretados como significando que uma alienação por um valor justo seja suscetível de gerar uma efeito de criação de valor. Isto porque se o Economic Profit dessa atividade for negativo, a redução eventual dos resultados operacionais associada ao desinvestimento será mais do que compensada pela quebra no custo de oportunidade do Capital Investido associado, presumindo que os fundos assim libertados sejam aplicados na redução da dívida e/ou capital próprio (ou então, como se viu atrás, na promoção de investimentos adicionais suficientemente rentáveis). Em concordância com essa hipótese, existe evidência empírica que sugere que o anúncio de desinvestimentos é tipicamente recebido nos mercados de ações por uma subida anormal das cotações da empresa desinvestidora.[43] Havendo outros motivos possíveis para a realização de um desinvestimento, como sejam a necessidade de obtenção de recursos para outros investimentos

[43] Ver, por exemplo, Afshar *et al.* (1992). Para evidência no mercado português, sugere-se Rangel (2005).

mais prioritários ou o desejo de redução do nível de endividamento, a capacidade de geração ou não de EPs positivos deve ser uma das considerações fundamentais a ter em atenção nessa importante decisão.

Sumário

- O Capital Investido pode ser determinado quer na perspetiva das aplicações como das origens de fundos. No primeiro caso define-se como o total do Ativo deduzido dos passivos não financeiros e no segundo determina-se como a soma entre os capitais próprios contabilísticos e a dívida remunerada.
- Numa perspetiva de Economic Profit e de preocupação com a criação de valor, a gestão das rubricas de Fundo de Maneio (existências, créditos e débitos operacionais) é uma peça essencial na gestão da criação de valor a longo prazo e sustentável numa empresa.
- Tudo o mais constante, a minimização de Fundo de Maneio é consistente com a maximização do Economic Profit e do Valor de uma empresa. No entanto, considerações com sustentabilidade de longo prazo de uma empresa ou atividade poderão implicar algumas limitações nessa tentativa de minimização.
- A recompra de ações e a eliminação de *cash* excedentário podem ser veículos para o aumento de Economic Profit e a maximização do Valor de uma empresa. Todavia, preocupações com resiliência em face de atividades cíclicas ou sensíveis à conjuntura económica, uma elevada importância de Ativos Intangíveis, a existência de importantes oportunidades de crescimento futuras e outras questões estratégicas poderão sobrepor-se na prática a objetivos de maximização do Economic Profit a curto prazo.
- Políticas de descontos de pronto pagamento podem ser analisadas à luz de considerações de Economic Profit, desde que incluídas considerações sobre a sustentabilidade da estrutura de capitais de uma empresa a longo prazo.

Questões

1. A redução de *stocks* sem efeito de alteração nas vendas é a prazo potencialmente
   a) negativa para o Economic Profit
   b) neutra para o Economic Profit
   c) incrementadora do Capital Investido, mas redutora do Economic Profit
   d) redutora do Capital Investido e incrementadora do Economic Profit
2. Poderíamos antecipar que empresas que utilizem um sistema de Gestão Baseada no Valor (VBM-Value Based Management) tendam, em termos relativos, a
   a) ser mais seletivas nos investimentos, aumentar o recurso relativo a emissões de capital próprio e a desinvestir menos
   b) aumentar investimentos, aumentar o recurso relativo a endividamento e ser mais propícias a desinvestir
   c) ser mais seletivas nos investimentos, menos propícias a realizar recompra de ações próprias e a reduzir o recurso relativo a endividamento
   d) ser mais seletivas nos investimentos, mais propícias a recomprar ações próprias e desinvestir mais frequentemente
3. Quando uma empresa consegue reduzir o valor dos seus *stocks* sem afetar o nível das suas vendas, o efeito no Economic Profit poderá ser positivo desde que
   a) a empresa devolva o excedente de tesouraria resultante para os seus financiadores
   b) a empresa invista o excedente de tesouraria daí resultante em projetos com VAL-Valor Atualizado Líquido positivo
   c) a empresa invista o excedente de tesouraria em aplicações financeiras com rendimento positivo
   d) em qualquer uma das alternativas anteriores o EP irá aumentar
4. Argumentou-se neste capítulo que manter montantes muito elevados de *cash* excedentário numa empresa
   a) deveria sempre ser evitado devido ao seu impacto negativo no Economic Profit
   b) deveria ser uma regra essencial porque o rendimento financeiro associado a esse *cash* faz aumentar o Economic Profit

c) é neutral para o Economic Profit
d) é frequentemente útil do ponto de vista estratégico para uma empresa, como uma forma de proteção contra uma futura eventual escassez de financiamento ou contra um custo excessivo do mesmo, mesmo que com um impacto negativo no Economic Profit a curto prazo

5. Se uma empresa efetuar uma recompra de ações financiada com disponibilidades de caixa que estão no balanço com uma remuneração de zero, o efeito provável, se se mantiver o custo do capital da empresa, será
   a) aumentar o Capital Investido
   b) reduzir o Economic Profit
   c) aumentar o Economic Profit
   d) nenhuma alteração no Economic Profit
6. À luz do conceito de Economic Profit (EP), aumentar os Resultados Operacionais após Impostos de uma empresa por virtude da compra de uma outra empresa conduzirá
   a) uma melhoria do EP
   b) a uma degradação do EP
   c) a uma melhoria do EP se o Capital Investido se mantiver ou reduzir
   d) não sabemos com essa informação se o EP aumentará ou não
7. Foi argumentado neste capítulo que a existência de *cash* excedentário em relação às necessidades operacionais de uma empresa
   a) nunca se justifica dado que tipicamente esse Ativo apresenta um EP negativo
   b) poder-se-á justificar se o seu rendimento for superior ao custo da dívida após economias fiscais
   c) poder-se-á justificar para sectores com carácter cíclico, ou cujo valor dependa muito de Ativos Intangíveis
   d) poder-se-á justificar quando a empresa tenha importantes Ativos Tangíveis que possa oferecer como colateral a bancos
8. Na análise de descontos de pronto pagamento, o princípio base numa lógica de EP é que
   a) devemos comparar o desconto líquido de impostos com o custo de oportunidade do capital alheio
   b) devemos comparar o desconto líquido de impostos com o custo de oportunidade do capital próprio

c) devemos comparar o desconto antes de impostos com o custo de oportunidade médio ponderado do capital próprio e alheio
d) devemos comparar o desconto líquido de impostos com o custo de oportunidade médio ponderado do capital próprio e alheio

9. Se uma empresa contrair um empréstimo para aproveitar um desconto de pronto pagamento junto de fornecedores então (e para um valor de empréstimo destinado a reduzir o financiamento de fornecedores no mesmo montante), teremos, nos termos da fórmula do Economic Profit,
   a) uma redução do Capital Investido
   b) um aumento do Capital Investido
   c) a manutenção do Capital Investido
   d) poderá ocorrer uma redução ou aumento do Capital Investido, consoante seja ou não uma boa operação do ponto de vista do Economic Profit
10. Foi discutido neste capítulo que, numa lógica de Gestão Baseada no Valor com preocupações de sustentabilidade a vários níveis, operações como a concessão de descontos de pronto pagamento deverão utilizar como referência de custo de oportunidade
    a) o custo da dívida bancária antes de efeitos fiscais
    b) o custo da dívida bancária após efeitos fiscais
    c) o custo do capital próprio (i.e., taxa de remuneração exigida pelos acionistas)
    d) o custo médio ponderado do capital próprio e alheio (WACC)
11. Que tipo de efeitos sobre o Economic Profit terá uma recompra de ações aos acionistas financiada por disponibilidades de caixa excedentárias em relação às necessidades da empresa?
    a) uma redução do Capital Investido
    b) uma alteração do custo médio do capital por força do maior peso de Dívida remunerada
    c) uma redução das receitas financeiras que deveriam ser adicionadas ao EBIT (com efeitos fiscais) para o cálculo do EP
    d) todos os anteriores são efeitos potencialmente relevantes
12. Foi argumentado neste capítulo que, de acordo com bons princípios de Gestão Baseada no Valor (Value Based Management),
    a) uma empresa deverá procurar aumentar o mais possível o tempo médio de pagamentos a fornecedores

b) uma empresa deverá procurar reduzir o mais possível o tempo médio de pagamentos a fornecedores
c) uma empresa deverá estipular sempre que possível um tempo médio de fornecedores que permita um EP favorável, mas que não ponha em causa a sustentabilidade ou qualidade geral dos fornecedores considerados como mais adequados para a empresa
d) o tempo médio de pagamentos é irrelevante para o Value Based Management

13. Se uma empresa fizer uma recompra de ações financiada com uma emissão de nova dívida remunerada sem que haja uma alteração dos seus Resultados Operacionais,
    a) essa operação aumentará o EP dado que o custo da dívida é inferior ao custo do capital próprio
    b) essa operação poderá aumentar o EP se o custo médio do capital se reduzir na sequência dessa operação
    c) essa operação poderá aumentar o EP se o custo médio do capital aumentar na sequência dessa operação
    d) essa operação não irá alterar o EP mesmo que o custo médio do capital se modifique
14. Segundo a lógica do Economic Profit, e abstraindo de especulação imobiliária assim como de custos de manutenção imobiliários, se tivermos uma casa no Algarve que vale 200 000 euros e que ocupamos 1 mês por ano (sem possibilidade de alugar a terceiros no resto do ano) quando a taxa de aplicações financeiras de risco comparável ao risco imobiliário for de 0,5%/mês e quando um hotel de luxo para a mesma família no Algarve custar (sem refeições) na mesma altura do ano 2000 euros por semana, deveremos (ignorando impostos):
    a) Vender a casa e passar férias no hotel
    b) Manter a casa e evitar o hotel
    c) Sermos indiferentes entre passar férias em casa ou no hotel
    d) Falta-nos informação para decidir entre passar férias em casa ou no hotel

Soluções

1. d)
2. d)
3. d)
4. d)
5. c)
6. d)
7. c)
8. d)
9. b)
10. d)
11. d)
12. c)
13. b)
14. a)

5

Economic Profit e Análise de Projetos de Investimento

5.1. Economic Profit e VAL-Valor Atualizado Líquido de Projetos de Investimento

Um importante resultado que convém desenvolver consiste na relação entre o chamado Valor Atualizado Líquido de um projeto de investimento[44] (VAL) e o conceito de Economic Profit.

O VAL de um projeto é, a par da TIR-Taxa interna de rentabilidade e do denominado *payback*, um dos critérios mais utilizados na prática para a análise da viabilidade financeira de projetos de investimento.[45] Segundo Ryan e Ryan (2002), esse critério é mesmo o mais utilizado pelas empresas que integram a lista Fortune 1000.

Formalmente, o VAL de um projeto é calculado com referência a um momento 0 de arranque desse projeto e corresponde ao valor atualizado dos *Free Cash Flows* (FCF) futuros, incluindo o *Free Cash Flow* inicial (do momento 0). Formalmente, teremos[46]:

$$VAL = \sum_{t=0}^{n} \frac{FCF_t}{(1+WACC')^t}$$

[44] Para uma descrição do critério VAL, ver Alves *et al.* (2020, pp. 286 e seguintes).
[45] Ver, por exemplo, Pike (1996) sobre a utilização na prática dos vários critérios de análise de investimentos.
[46] Notar que, habitualmente, o custo médio ponderado usado é calculado com base em pesos de mercado do valor da dívida e capitais próprios, daí a fórmula do VAL considerar aqui o WACC' e não o WACC.

Se desdobrarmos no lado direito da equação o primeiro termo (o *Free Cash Flow* do momento zero), teremos então

$$VAL = FCF_0 + \sum_{t=1}^{n} \frac{FCF_t}{(1+WACC')^t}$$

Ora, sucede que o FCF do momento zero é habitualmente um valor negativo correspondente ao simétrico do montante investimento inicial feito no projeto, ou seja, o capital investido (CI) nesse momento zero. Assim sendo, podemos escrever:

$$VAL = -CI_0 + \sum_{t=1}^{n} \frac{FCF_t}{(1+WACC')^t}$$

Por sua vez, atente-se no segundo termo da equação anterior, que mais não é do que o Valor do projeto (se este projeto fosse a criação de uma nova empresa, seria mesmo o valor total da empresa – ou Enterprise Value, V_0), tal como expresso na equação (17) do Capítulo 3. Deste modo, podemos reescrever a equação acima da forma

$$VAL = -CI_0 + V_0$$

Ou ainda:

$$V_0 = CI_0 + VAL$$

Se compararmos agora a equação anterior com as equações (13) e (16) do Capítulo 3, podemos concluir que:

$$VAL = \sum_{t=1}^{n} \frac{EP'_t}{(1+WACC'_t)^t} = \sum_{t=1}^{n} \frac{EP_t}{(1+k_S)^t}$$

Por outras palavras, ficou demonstrado que o VAL de um projeto é idêntico ao valor atualizado dos Economic Profits gerados no futuro pelo projeto (calculados quer através das formas EP como EP′ atrás descritas). Assim, a aceitação de uma oportunidade de investimento rentável de acordo com a regra do VAL (ou, o que dá mesmo, aceitar projetos cuja TIR seja superior ao custo do capital, i.e., cujo VAL>0), não é mais do que investir em ativos com a expectativa de alcançar Economic Profits positivos no futuro que levarão à criação de valor financeiro.

Duas notas de pormenor mais técnico são as seguintes: (i) para que o resultado acima indicado seja válido, é essencial que, no cômputo do Capital Investido, este valor não inclua a retenção, no projeto, dos *Free Cash Flows* libertos periodicamente (ou, se o fizer, terão de gerar uma remuneração — após impostos — equivalente ao custo do capital, a incluir nos Resultados Operacionais após impostos). Repare-se que o pressuposto implícito na atualização dos *Free Cash Flows* de um projeto consiste em admitir que os respetivos valores serão distribuídos pelos financiadores do projeto em cada ano (acionistas e credores por endividamento). Adicionalmente, (ii) torna-se fundamental que, no cálculo do Economic Profit em cada período, o Capital Investido a utilizar na fórmula do EP seja o do final do período anterior.

Saliente-se a importância deste resultado de equivalência entre o valor atual dos Economic Profits e o VAL: como já referido, o VAL é um dos critérios mais usados na avaliação de projetos de investimento. Mas dada a sua natureza de ser um cálculo efetuado ex-ante, não se afigura ser fácil observar ex-post o seu valor de forma, por exemplo, a incluí-lo na avaliação de desempenho de um gestor. Mas nada impede que se possam medir periodicamente os Economic Profits gerados por uma empresa. Sucede que esses Economic Profits *a posteriori* resultam da implementação de projetos de investimento ocorrida no passado. Se deste modo a avaliação do desempenho (nomeadamente em termos de sistemas de incentivo) for baseada em Economic Profits, então, e desde que os sistemas de incentivo tenham uma dimensão plurianual, estaremos implicitamente a capturar e mensurar o Valor Atualizado Líquido que presidiu à decisão de realização dos investimentos. Tal permite que exista uma importante coerência entre a utilização do VAL na decisão de investir e a aferição do desempenho através dos Economic Profits futuros que mais não são do que a expressão do VAL efetivamente obtido *a posteriori* nesses investimentos. Isso é uma observação muito pertinente, pois é de admitir que, na generalidade das empresas, os sistemas de incentivo pouco ou nada se relacionam com o VAL de projetos de investimento, já que tipicamente se poderão orientar antes por medidas de desempenho como EBITDA, resultados líquidos, crescimento de vendas, etc., o que não é necessariamente consistente com o valor efetivamente criado em projetos de investimento.

Ilustração 5.1 – Exemplo numérico da aplicação do Economic Profit na análise de projetos de investimento

Suponhamos que a empresa de comércio eletrónico de produtos alimentares Come.com apresenta os seguintes dados quanto a um projeto de investimento (em milhares de euros):

- Vendas anos 1 a 5: 1000
- Custos variáveis: 45% da faturação
- Custos fixos: 144.22
- - Investimento em capital fixo no arranque do projeto (ano 0): 1000 (amortizável fiscalmente à taxa de 20%)
- Saldos finais anuais de *stocks* e clientes, líquidos de dívidas de exploração: 250 (recuperáveis no final de vida do projeto)
- Imposto sobre lucros: 34%
- Custo do capital: 15%

Objetivos:

1. Analisar o projeto acima com base nos critérios (i) VAL-Valor Atualizado Líquido, TIR-Taxa Interna de Rentabilidade e (ii) Economic Profit (EP)
2. Repetir os cálculos em 1., considerando que o custo do capital é apenas de 10%

Resolução:

1.

(i) A Tabela 5.1. seguinte mostra os cálculos relevantes associados a este investimento:

Tabela 5.1 – Cálculo do VAL e TIR de projeto de investimento Come.com

Ano		0	1	2	3	4	5
Vendas			1000	1000	1000	1000	1000
Custos Variáveis	45%		450	450	450	450	450
Custos Fixos (excl. Amortizações)	144		144	144	144	144	144
Amortizações	200		200	200	200	200	200
Resultados Operacionais			206	206	206	206	206
Impostos sobre Res. Operacionais	34%		70	70	70	70	70
Res. Operacionais Após Impostos			136	136	136	136	136
Cash Flow Operacional			336	336	336	336	336
Investimento em Capital Fixo		-1000					
Investimento em Fundo de Maneio		-250					250
Free Cash Flow		**-1250**	**336**	**336**	**336**	**336**	**586**
TIR		**15.0%**					
VAL		**0.00**					

Saliente-se que, usando a definição de *Free Cash Flow*, teremos que, por exemplo, nos anos 1 a 4 o valor corresponde ao dos Resultados Operacionais após impostos EBIT(1-T) adicionados das amortizações, uma vez que nesses anos não existem despesas de investimento nem variações de fundo de maneio, ou seja, 136 + 200 = 336.

Como a tabela anterior mostra, para um custo do capital de 15%, o projeto encontra-se equilibrado financeiramente, sendo o VAL igual a zero dado que neste caso a Taxa Interna de Rentabilidade é igual ao próprio custo do capital.

(ii)

Calculemos agora o Economic Profit, o que é apresentado na Tabela 5.2 que se segue:

Tabela 5.2 – Cálculo dos Economic Profits do projeto de investimento Come.com (custo do capital 15%)

Ano	0	1	2	3	4	5
Custo do capital	15.0%					
Capital Investido	1250	1050	850	650	450	250
EP (s/ CI inicial)		**-51.68**	**-21.68**	**8.32**	**38.32**	**68.32**
EP em % CI		**-4.1%**	**-2.1%**	**1.0%**	**5.9%**	**15.2%**
Valor atual Economic Profits	**0.00**					

Note-se que, no caso em apreço, o valor do Capital Investido reduz-se periodicamente devido ao efeito das amortizações (constantes no valor de 200 em cada período), atingindo um valor final no período equivalente ao valor do fundo de maneio recuperado nesse momento (250). Repare-se ainda que, para este efeito, o Economic Profit (EP) a calcular em cada período utiliza para determinação do custo de oportunidade o Capital Investido no início desse período (ou no final do período imediatamente anterior).

Assim, por exemplo, o EP do ano 3 será calculado como $EP_3 = 136 - 15\% \times 850 = 8.32$

Os resultados acima apresentados revelam a propriedade, demonstrada anteriormente, de que o valor atual dos Economic Profits futuros equivale sempre ao VAL-Valor atualizado do projeto. E iremos ver futuramente que essa propriedade se mantém mesmo que se alterem os critérios contabilísticos seguidos na contabilização das receitas e custos do projeto (desde que se mantenha o princípio de *clean surplus accounting* descrito do Capítulo 3[47]).

2.

(i) Suponhamos agora que o custo do capital é de apenas 10%.

Naturalmente que nessas circunstâncias o VAL do projeto se torna positivo, pois que a TIR não se alterará (não depende do custo do capital), sendo agora superior ao custo do capital. Confirmemos isso mesmo na Tabela 5.3:

Tabela 5.3 – Cálculo dos Economic Profits do projeto de investimento Come.com (custo do capital 10%)

Ano		0	1	2	3	4	5
Vendas			1000	1000	1000	1000	1000
Custos Variáveis	45%		450	450	450	450	450
Custos Fixos (excl. Amortizações)	144		144	144	144	144	144
Amortizações	200		200	200	200	200	200
Resultados Operacionais			206	206	206	206	206
Impostos sobre Res. Operacionais	34%		70	70	70	70	70
Res. Operacionais Após Impostos			136	136	136	136	136
Cash Flow Operacional			336	336	336	336	336
Investimento em Capital Fixo		-1000					
Investimento em Fundo de Maneio		-250					250
Free Cash Flow		**-1250**	**336**	**336**	**336**	**336**	**586**
TIR		**15.0%**					
VAL		**178.24**					

Os cálculos apresentados na Tabela anterior revelam que o VAL do projeto ascende agora a um valor positivo (como esperado) num total de 178.24. O projeto apresenta agora a anterior TIR de 15% confortavelmente acima do custo do capital (10%).

(ii) Em termos de Economic Profits, os cálculos são agora os constantes da Tabela 5.4:

[47] Recordando, trata-se do princípio de que o valor dos capitais próprios de uma empresa se altera exclusivamente por via do registo de resultados líquidos e de transações com os acionistas a título de aumentos de capital, recompra de ações ou pagamento de dividendos.

Tabela 5.4 – Cálculo dos Economic Profits do projeto de investimento Come.com (custo do capital 10%)

Ano	0	1	2	3	4	5
Custo do capital	10.0%					
Capital Investido	1250	1050	850	650	450	250
EP (s/ CI inicial)		**10.82**	**30.82**	**50.82**	**70.82**	**90.82**
EP em % CI		**0.9%**	**2.9%**	**6.0%**	**10.9%**	**20.2%**
Valor atual Economic Profits	**178.24**					

Assim, pode verificar-se, mais uma vez, não haver diferença entre o Valor Atual dos Economic Profits e o VAL anteriormente apurado (178.24).

5.2. Taxa Interna de Rentabilidade e ROIC (Rentabilidade do Capital Empregue)

Peguemos de novo no exemplo contido nas tabelas da Ilustração 5.1. Se repararmos com atenção nos valores do rácio de Economic Profit/Capital investido revelado nas Tabelas 5.2 ou 5.4, verificamos que os números em causa são crescentes, tanto na situação em que o custo do capital é 15% (Tabela 5.2) ou 10% (Tabela 5.3).

Na verdade, trata-se de um resultado surpreendente, pois que, olhando para a Tabela 5.2, se o projeto apresenta um VAL de zero (e um valor atual de EPs igualmente nulo), seria de esperar que anualmente o mesmo se verificasse em termos do rácio EP/CI. Mas não é o que se passa. Os valores dos EPs são na realidade oscilantes, inicialmente negativos e progressivamente melhorando até atingir um valor máximo no ano 5 (EP de 68.32 nesse ano, correspondente a 15.2% do capital investido).

De igual modo, os valores reportados na Tabela 5.4 também não nos deixam muito tranquilos. Que valor para EP/CI deveríamos esperar neste caso? Na realidade, deveríamos contar com um valor correspondente à rentabilidade anormal do projeto, ou seja, à diferença entre a TIR e o custo do capital, concretamente, 15% - 10% = 5%. Mas os valores que encontramos, embora proporcionem, como se viu, um valor atual de EPs idêntico ao VAL, não atingem em nenhum ano um nível de exatamente 5%.

Qual a causa desse desencontro de expectativas? Na verdade, a razão reside na forma como as amortizações do exercício se comportam. Por razões de convenção e simplicidade, as amortizações são tipicamente determinadas periodicamente de uma forma linear. Acontece que esse padrão de comportamento não acompanha a realidade da evolução económica do projeto em causa, que assume uma natureza fundamentalmente não linear.

E será possível corrigir essa distorção causada pela simplificação assumida na determinação das amortizações? É possível sim, mas é uma tarefa um pouco complexa. O procedimento será este:

a) Calcular em cada período t o valor atual (reportado para t-1) dos *Free Cash Flows* futuros entre t e o final de vida do projeto (período n), usando como taxa de atualização a própria TIR do projeto[48];
b) Calcular depois as diferenças entre os valores atuais que se sucedem no tempo;
c) As diferenças encontradas em b) serão as «amortizações ajustadas» (Am') e deverão substituir as amortizações lineares na determinação do resultado operacional antes de impostos (EBIT); ou seja, essas amortizações serão a redução progressiva do valor atual do projeto ao longo do tempo (calculado com base na TIR);

   Repare-se que os procedimentos anteriores correspondem à utilização da seguinte fórmula de cálculo:

$$Am'_t = \sum_{k=t}^{n} \frac{FCF_k}{(1+TIR)^{k-t+1}} - \sum_{k=t+1}^{n} \frac{FCF_k}{(1+TIR)^{k-t}}$$

d) O valor dos impostos sobre lucros não deve, porém, ser alterado, pois que depende, no respeito das regras fiscais existentes, das amortizações calculadas numa base linear.

Peguemos então de novo no nosso exemplo numérico anterior:

[48] Repare-se que isso assegura que o valor atual desses *Free Cash Flows*, reportado ao momento zero, será sempre igual ao valor dos investimentos iniciais.

Ilustração 5.2 – Determinação das amortizações ajustadas, não lineares, de um projeto de investimento para efeito da determinação dos Economic Profits desse projeto

Exemplificando com o cálculo das amortizações ajustadas (Am') para o período 3, teremos então

$$Am'_t = \sum_{k=t}^{n} \frac{FCF_k}{(1+TIR)^{k-t+1}} - \sum_{k=t+1}^{n} \frac{FCF_k}{(1+TIR)^{k-t}}$$

$$Am'_3 = \sum_{k=3}^{5} \frac{FCF_k}{(1+TIR)^{k-3+1}} - \sum_{k=4}^{5} \frac{FCF_k}{(1+TIR)^{k-3}}$$

$$= \frac{FCF_3}{(1+TIR)^1} + \frac{FCF_4}{(1+TIR)^2} + \frac{FCF_5}{(1+TIR)^3} - \left[\frac{FCF_4}{(1+TIR)^1} + \frac{FCF_5}{(1+TIR)^2}\right]$$

$$= \frac{336}{(1+15\%)^1} + \frac{336}{(1+15\%)^2} + \frac{586}{(1+15\%)^3} - \left[\frac{336}{(1+15\%)^1} + \frac{586}{(1+15\%)^2}\right]$$

$$= 196$$

De igual forma, poderemos calcular as amortizações ajustadas para o período 4 como

$$Am'_4 = \sum_{k=4}^{5} \frac{FCF_k}{(1+TIR)^{k-4+1}} - \sum_{k=5}^{5} \frac{FCF_k}{(1+TIR)^{k-4}}$$

$$= \frac{FCF_4}{(1+TIR)^1} + \frac{FCF_5}{(1+TIR)^2} - \left[\frac{FCF_5}{(1+TIR)^1}\right]$$

$$= \frac{336}{(1+15\%)^1} + \frac{586}{(1+15\%)^2} - \left[\frac{586}{(1+15\%)^1}\right]$$

$$= 226$$

A compilação de cálculos semelhantes para todos os períodos permitiria elaborar a Tabela 5.5 de amortizações comparadas que se segue:

Tabela 5.5 – Amortizações lineares e ajustadas – projeto Come.com

Ano	VA FCF	V. Contab.	Amortiz.	Amortiz. aj.
0	1,250	1250		
1	1,102	1050	200	148
2	931	850	200	171
3	735	650	200	196
4	509	450	200	226
5	250	250	200	259
Total			1000	1000

Substituindo agora na Tabela 5.2 as anteriores amortizações lineares pelas amortizações ajustadas que foram calculadas de acordo com as regras descritas, resultarão os valores expressos na Tabela 5.6:

Tabela 5.6 – VAL, TIR e Economic Profits do projeto Come.com quando se usam amortizações ajustadas (custo de capital de 15%)

Ano	0	1	2	3	4	5
Res. Operacionais Após Impostos ajustados		188	165	140	110	76
Cash Flow Operacional		336	336	336	336	336
Investimento em Capital Fixo	-1000					
Investimento em Fundo de Maneio	-250					250
Free Cash Flow	**-1250**	**336**	**336**	**336**	**336**	**586**
TIR	**15.00%**					
VAL	**0.00**					
Custo do capital	15.0%					
Amortizações ajustadas		148	171	196	226	259
Capital Investido	1250	1102	931	735	509	250
EP (s/ CI inicial) ajustado		**0.00**	**0.00**	**0.00**	**0.00**	**0.00**
EP em % CI		**0.00%**	**0.00%**	**0.00%**	**0.00%**	**0.00%**
Valor atual EPs	**0.00**					

A título de ilustração, note-se, por exemplo, que o Resultado Operacional após impostos ajustado do ano 3 resulta do seguinte cálculo: 206 + 200 – 196 = 140. Repare-se ainda que os *Free Cash Flows* não se alteraram por causa da mudança nas amortizações, já que se assumiu que a fiscalidade continuaria a ser a mesma (i.e., determinada apenas em função das amortizações lineares aceites fiscalmente). Esta imunidade do valor atual dos Economic Profits em relação às regras contabilísticas aplicadas (desde que respeitado, mais uma vez, o princípio do *clean surplus accounting*) é de uma enorme conveniência na prática (pense-se, por exemplo, na hipótese de utilização do Economic Profit em sistemas de incentivo plurianuais ou simplesmente para aferir do desempenho de longo prazo da empresa).

Tornam-se claros os efeitos das mudanças operadas. Em primeiro lugar, tome-se em atenção que a mudança das regras contabilísticas em nada alterou o valor atual dos Economic Profits, que continua a ser idêntico ao VAL. Mas agora sucede que em cada ano o valor do rácio EP/CI corresponde a exatamente 0%, o valor da rentabilidade supranormal (já que neste caso a TIR é equivalente ao custo do capital).

E na situação em que o custo do capital será 10%? A Tabela 5.7 retrata essa situação.

Tabela 5.7 – VAL, TIR e Economic Profits do projeto Come.com quando se usam amortizações ajustadas (custo de capital de 10%)

Ano	0	1	2	3	4	5
Res. Operacionais Após Impostos ajustados		188	165	140	110	76
Cash Flow Operacional		336	336	336	336	336
Investimento em Capital Fixo	-1000					
Investimento em Fundo de Maneio	-250					250
Free Cash Flow	**-1250**	**336**	**336**	**336**	**336**	**586**
TIR	**15.00%**					
VAL	**178.24**					
Custo do capital	10.0%					
Amortizações ajustadas		148	171	196	226	259
Capital Investido	1250	1102	931	735	509	250
EP (s/ CI inicial) ajustado		**62.50**	**55.08**	**46.56**	**36.75**	**25.47**
EP em % CI		**5.00%**	**5.00%**	**5.00%**	**5.00%**	**5.00%**
Valor atual EPs	**178.24**					

Como se poderá observar na tabela anterior, com a utilização das amortizações ajustadas, para além de se manter o valor atual dos EPs igual ao do VAL (178.24), agora temos o benefício de que em cada período o rácio EP/CI equivale exatamente à diferença entre a TIR e o custo do capital do projeto (5%), capturando deste de forma totalmente rigorosa a criação de valor em cada período de uma forma consistente com a criação de valor no projeto como um todo.

A ilustração anterior mostra que, desde que corretamente determinadas as amortizações de acordo com a realidade económica de cada projeto, então num projeto de investimento o rácio de ROIC(1-T) referido na fórmula (2) do Capítulo 3 mais não será do que a TIR desse mesmo projeto!

5.3. Conclusão: VAL ou Economic Profit?

Não teremos a ilusão de pensar que seja fácil ou realista a adoção de formas de determinação de amortizações de acordo com o procedimento atrás exposto. Mas também não era esse exatamente o nosso propósito. O que pretendíamos mostrar resume-se ao seguinte:

(i) As decisões de investimento baseadas no VAL ou TIR são perfeitamente consistentes e coerentes com uma apreciação baseada nos Economic Profits gerados pelos projetos analisados;
(ii) Tal como VAL, o valor atual dos Economic Profits não se altera perante mudanças de critérios contabilísticos desde que se respeite o princípio do *clean surplus accounting* e que não existam implicações fiscais associadas a essas alterações contabilísticas (que mudariam igualmente o VAL);
(iii) O VAL corresponde matematicamente ao valor atual dos Economic Profits futuros;
(iv) O ROIC(1-T) (rentabilidade do capital empregue após impostos) é tendencialmente próximo da TIR de um projeto de investimento, e será rigorosamente idêntico numa base periódica se forem utilizados certos procedimentos para determinação de amortizações «económicas» não lineares;
(v) A imunidade do valor atual dos Economic Profits futuros a manipulações contabilísticas sugere que, desde que se aplique um horizonte plurianual, será sempre possível capturar *a posteriori* a capacidade efetiva de geração de valor por parte de projetos passados, permitindo premiar boas decisões passadas e aferir a existência de decisões que levaram à destruição subsequente de valor (projetos passados que revelaram *a posteriori* VALs negativos);
(vi) Adicionalmente, as considerações feitas na secção 3.8 do Capítulo 3 são igualmente pertinentes aqui porquanto permitem uma maior sensibilidade à existência de níveis de rentabilidade supranormal que poderão ser menos sustentáveis a longo prazo.
(vii) Deste modo, poder-se-ia com alguma propriedade afirmar que a utilização do Economic Profit é não só plenamente coerente com a forma de avaliação de projetos mais correntemente utilizada na

prática, como ainda complementa essa análise com (a) a possibilidade de introdução de sistemas de incentivo assentes numa métrica matematicamente relacionada com os conceitos de VAL e TIR e (b) a introdução de importantes considerações de sustentabilidade financeira de longo prazo na análise de projetos.

Sumário

- Decisões de investimento ou desinvestimento podem ser apreciadas com base numa métrica de Economic Profit, sendo desse modo consistentes com uma análise tradicional assente num conceito de VAL-Valor Atualizado Líquido ou de TIR-Taxa Interna de Rentabilidade.
- O VAL-Valor Atualizado Líquido de um projeto de investimento é matematicamente equivalente ao valor atualizado dos Economic Profits futuros gerados por esse investimento. Esse resultado não muda quando ocorram alterações de critérios contabilísticos que não tenham implicações financeiras e que respeitem o princípio do *clean surplus accounting*.
- Para que o VAL seja, contudo, equivalente ao Valor Atual de Economic Profits futuros gerados por um projeto, há que garantir, na determinação do Capital Investido necessário ao apuramento do EP, consistência com os pressupostos implícitos na determinação do VAL. Ou seja, é imprescindível que os *Free Cash Flows* gerados pelo projeto sejam distribuídos pelos seus investidores, ou que, a serem mantidos no projeto, usufruam de uma remuneração equivalente ao custo de oportunidade do capital (WACC).
- Existem procedimentos que permitem a determinação de amortizações não lineares suscetíveis de tornar a Rentabilidade do Capital Investido após Impostos, ROIC(1-T), equivalente à Taxa Interna de Rentabilidade de um projeto de investimento.
- A utilização de amortizações não lineares também permite que o rácio periódico de Economic Profit/Capital Investido seja idêntico à diferença entre a TIR e o custo médio ponderado do capital (WACC) desse projeto.

Questões

1. Um projeto de investimento custará 100 no momento zero e terá um Resultado Operacional (EBIT) perpétuo de 10 após impostos. Apesar da empresa ter como objetivo um rácio de Capital Próprio/Capital Investido de 50% com um custo do capital próprio de 12% e um custo da divida após economias fiscais de 4%, no caso em concreto ela pretende financiar o projeto totalmente com dívida igualmente ao custo de 4% após economias fiscais. Neste caso, o EP anual correto para este projeto deverá ser:
   a) 2
   b) 6
   c) –2
   d) outro valor
2. Se um projeto de investimento tiver uma TIR (taxa Interna de Rentabilidade) superior ao seu custo do capital, então:
   a) os seus EPs anuais serão necessariamente sempre positivos
   b) o valor dos seus EPs anuais acumulados nunca poderá ser negativo
   c) o valor atualizado dos EPs totais do projeto poderá ser negativo
   d) nenhum dos anteriores está correto
3. Se num projeto de investimento com 5 anos de vida esperada, o custo médio ponderado do capital for 12%, a sua Taxa Interna de Rentabilidade (TIR) for 9%, e se as chamadas amortizações económicas (não lineares) forem usadas, então
   a) o quociente de Economic Profit/Capital Investido será de 12% em cada ano
   b) o quociente de Economic Profit/Capital Investido será de –3% em cada ano
   c) o quociente de Economic Profit/Capital Investido será de 9% em cada ano
   d) o quociente de Economic Profit/Capital Investido será de 3% em cada ano
4. Em teoria, se um projeto de investimento tiver uma TIR de 15% e um custo médio do capital de 10%, o valor anual do rácio Economic Profit//Capital Investido anual deveria ser, se o capital investido fosse corretamente amortizado, de
   a) 15%

b) 10%
c) 5%
d) outro valor

5. Quando as amortizações de um projeto de investimento são ajustadas de forma a refletirem a verdadeira depreciação económica dos ativos em questão, então teoricamente deveríamos observar que
   a) o rácio anual de Economic Profit/Capital Investido desse projeto deverá ser 0%
   b) o rácio anual de Economic Profit/Capital Investido desse projeto deverá ser idêntico ao custo do capital
   c) o rácio anual de Economic Profit/Capital investido desse projeto deverá ser idêntico à diferença entre a TIR do projeto e o seu custo do capital
   d) o rácio anual de Economic Profit/Capital Investido desse projeto deverá ser idêntico à TIR do projeto
6. O VAL-Valor Atualizado Líquido de um projeto de Investimento
   a) é sempre igual ao valor do Capital Investido nesse projeto adicionado do Valor Atual dos seus EPs futuros
   b) é sempre igual ao Valor Atual dos seus EPs futuros
   c) corresponde ao ROIC (rentabilidade do Capital Investido) anual após impostos desse projeto se as chamadas amortizações económicas forem utilizadas
   d) nenhum dos anteriores
7. Se na análise de um projeto de investimento a partir de balanços e demonstrações de resultados previsionais quisermos calcular o seu VAL a partir dos EPs previsionais, deveremos então considerar no Capital Investido:
   a) todos os ativos do balanço previsional deduzidos dos passivos de funcionamento (fornecedores e outros passivos que não sejam dívida remunerada)
   b) todos os ativos do balanço previsional
   c) apenas a Situação Líquida previsional da empresa
   d) todos os ativos do balanço previsional deduzidos dos passivos de funcionamento (fornecedores e outros passivos que não sejam dívida remunerada) e do *cash* excedentário gerado previsionalmente

8. Para que o VAL de um projeto de investimento seja equivalente ao valor atual dos EPs futuros do projeto será necessário que
   a) o Capital Investido usado para o cálculo do EP anual seja o do início de cada um desses anos
   b) o Capital Investido usado para o cálculo do EP anual seja o do início de cada um desses anos e que a empresa distribua todos os *Free Cash Flows* positivos gerados em cada ano
   c) o Capital Investido usado para o cálculo do EP anual seja o do início de cada um desses anos e que os *Free Cash Flows* positivos de cada ano sejam acumulados no balanço contribuindo para o Capital Investido que serve de base para o cálculo do EP
   d) o Capital Investido usado para o cálculo do EP anual seja o do momento zero do projeto
9. Se um projeto de investimento tem uma TIR de 10% e o custo do capital é de 8%, então, se as amortizações forem corretamente calculadas, o valor do rácio esperado de Economic Profit/Capital Investido anual desse projeto deveria ser de
   a) 8%
   b) 2%
   c) 10%
   d) outro valor
10. No cálculo do EP com recurso às chamadas amortizações económicas não lineares (sem consequências fiscais), sucederá que
    a) o total das amortizações poderá ser diferente do que ocorreria se as amortizações fossem lineares
    b) as amortizações em cada período serão sempre positivas, embora com valores diferentes entre si
    c) o valor atual dos EPs daí resultante poderá ser diferente do que ocorreria se as amortizações fossem lineares
    d) nenhum dos anteriores é correto
11. Poderão alterações contabilísticas (mantendo, todavia, o princípio do chamado «*clean surplus accounting*») alterar o valor atual dos EPs futuros de uma empresa ou de um projeto de investimento?
    a) nunca
    b) sim, se houver efeitos fiscais decorrentes dessa alteração
    c) alteram sempre

d) nenhum dos anteriores é correto

12. Idealmente, se as amortizações do exercício forem corretamente determinadas de uma forma não linear, o valor anual do ROIC (i. e., EBIT(1-T)/ /Capital Investido) de um projeto de investimento deveria ser idêntico
    a) ao valor do WACC (custo médio ponderado do capital)
    b) ao valor da TIR (Taxa Interna de Rentabilidade)
    c) ao valor do EP/Capital Investido
    d) à diferença entre a TIR e o WACC
13. Para que o Valor Atualizado Líquido de um projeto de investimento seja equivalente ao Valor Atual dos seus Economic Profits futuros, é essencial, mantendo-se constantes os pagamentos esperados de impostos, que
    a) as amortizações do exercício sejam determinadas de forma linear
    b) as amortizações do exercício sejam as chamadas amortizações económicas (não lineares)
    c) seja assumido explicitamente no cálculo do Capital Investido de cada período que quaisquer excedentes de tesouraria sejam distribuídos pelos financiadores do projeto
    d) O projeto seja financiado integralmente por capitais próprios
14. As chamadas amortizações económicas usadas na determinação do EP teoricamente mais correto em projetos de investimento são calculadas anualmente
    a) através da divisão do ativo amortizável pelo número de anos de vida útil
    b) através da diferença entre os valores atuais dos *Free Cash Flows* futuros até ao final do projeto em dois anos sucessivos, sendo a taxa de atualização o custo médio do capital
    c) através da diferença entre o *Cash Flow* Operacional e o produto da TIR pelo Capital Investido no início de cada período
    d) nenhum dos anteriores
15. Se um projeto de investimento tiver uma TIR (taxa Interna de Rentabilidade) superior ao seu custo do capital, então:
    a) os seus EPs anuais serão necessariamente sempre positivos
    b) o valor dos seus EPs anuais acumulados (não atualizados) nunca poderá ser negativo
    c) o valor atualizado dos EPs totais do projeto poderá ser negativo
    d) nenhum dos anteriores está correto

16. Se uma emissão de ações e contração de empréstimo bancário são realizados (sem alteração na estrutura relativa de capital próprio e alheio previamente existente nem no WACC) com o objetivo de implementar um projeto com um VAL igual a zero, o efeito sobre o Valor da empresa segundo o modelo de avaliação do Entreprise Value (Valor Total Intrínseco dos Capitais Próprios e da Dívida) baseado em Economic Profits será
    a) um aumento do Capital Investido (CI) sem impacto significativo nos EPs futuros, aumentando o Enterprise Value no mesmo montante do CI
    b) um aumento do Capital Investido, mas com uma redução do Enterprise Value devido à redução dos Economic Profits futuros
    c) um aumento do Capital Investido e uma redução dos Economic Profits numa exata medida que mantém o mesmo valor do Enterprise Value
    d) um aumento do Capital Investido acompanhado de uma alteração dos Economic Profits futuros com um impacto incerto no Enterprise Value
17. Se num projeto de investimento rentável (TIR maior que WACC) os resultados operacionais (EBITs) dos primeiros anos forem negativos, então, para determinar o Economic Profit (EP) correto desses anos através de amortizações económicas (não lineares), deverá suceder que
    a) essa é uma tarefa impossível
    b) as amortizações económicas terão de ser negativas (i.e., proveitos em vez de custos) nesses anos
    c) o somatório das amortizações económicas deverá ser inferior ao somatório das amortizações lineares habituais
    d) não é preciso nenhum ajustamento especial às amortizações lineares para obter o EP correto nesses anos

Soluções

1. a) Nota: VAL = – 100 + 10 / 8% = 25; 25 = EP/8%, logo EP = 2; ou EP = 10 – 8% × 100 = 2 (o projeto tem de ser avaliado com base no custo de capital de longo prazo)

2. d)
3. b)
4. c)
5. c)
6. b)
7. d)
8. b)
9. b)
10. d)
11. b)
12. b)
13. c)
14. c)
15. d) Nota: usando o seguinte exemplo,

	0	1	2	3	EP Acum.
EPs		10	-10	-1	-1
k	10%				
VA EPs	0.0751				

logo, b) não é correto

16. a)
17. b)

6

Operacionalização de uma Métrica de Criação de Valor

6.1. Ilustração prática do cálculo do Economic Profit

O cálculo, na prática, do Economic Profit para aferir do desempenho de uma empresa em termos de criação de valor, passa geralmente pela adoção cuidada de certos critérios para categorização de várias rubricas contabilísticas (por exemplo, classificação de um certo passivo como endividamento ou como componente do fundo de maneio; ou ainda o possível tratamento de um custo aparentemente financeiro como operacional).

Por outro, lado torna-se igualmente necessário estabelecer uma metodologia para o apuramento do custo do capital, tanto na componente do retorno exigível para o capital próprio como para a taxa requerida para o capital alheio.

O exemplo que se segue procura de uma forma prática ilustrar o tipo de procedimentos, dificuldades e soluções possíveis para a determinação do Economic Profit de uma forma que seja simultaneamente pragmática, mas o mais rigorosa possível, tendo em vista o propósito de análise do desempenho passado.

Ilustração 6.1 – Caso Navigator: apuramento do Economic Profit 2015–19

Introdução

A Navigator, S.A., é uma grande empresa, cotada no Euronext-Lisbon[49], de referência na produção e fabrico e comercialização de papel em Portugal. Possui vastas áreas florestais, tendo a marca de papel *Navigator* um especial reconhecimento junto do público em geral. A empresa apresenta uma posição de líder europeu na produção de papéis finos de impressão e escrita não revestidos (UWF), sendo a sexta a nível mundial (dados de 2019). É também o maior produtor europeu, e um dos maiores a nível mundial, de pasta branqueada de eucalipto BEKP – Bleached Eucalyptus Kraft Pulp. O grupo é detido a 80,84% pelo conglomerado português Semapa.

Contas históricas

A evolução das Demonstrações de Resultados e Balanços consolidados no período de 2014 a 2019 é apresentada nas Tabelas 6.1 e 6.2 seguintes.

Tabela 6.1 – Demonstrações de Resultados consolidados Navigator 2014–19 (milhões de euros)

	2014	2015	2016	2017	2018	2019
Vendas, Prestações de Serviços e Variação de Produção	1528	1647	1575	1612	1773	1741
Custo das Mercadorias e dos Subcontratos	-675	-689	-662	-652	-700	-716
Margem Bruta	**853**	**959**	**913**	**959**	**1073**	**1025**
Fornecimentos e Serviços Externos	-423	-422	-404	-408	-415	-467
Despesas com Pessoal	-121	-155	-145	-156	-162	-146
Outros Custos (-) O. Proveitos	19	8	34	8	-41	-40
Resultado Operacional Antes de Amortizações (EBITDA)	**328**	**390**	**397**	**404**	**455**	**372**
Amortizações e Depreciações do Exercício e Imparidades dos Ativos	-112	-122	-167	-145	-139	-139
Provisões Líquidas	1	15	0	-4	-14	0
Resultado Operacional (EBIT)	**218**	**283**	**230**	**255**	**303**	**234**
Receitas Financeiras	4	5	6	7	2	3
Custos Financeiros	-38	-56	-27	-15	-24	-22
Ganhos em Participações	0	0	0	0	0	0
Resultados Antes de Impostos	**184**	**233**	**210**	**247**	**281**	**215**
Imposto sobre o Rendimento	-3	-36	7	-40	-56	-46
Resultados Antes de Minoritários	**181**	**197**	**217**	**208**	**225**	**168**
Interesses Minoritários	0	0	1	0	0	0
Resultado Consolidado Líquido	**181**	**196**	**216**	**208**	**225**	**168**

[49] O facto de usarmos aqui como ilustração uma grande empresa cotada não significa que os procedimentos que iremos apresentar sejam menos adequados a empresas não cotadas ou de menor dimensão. Apenas utilizamos aqui este exemplo pela maior disponibilidade pública da sua informação financeira.

Tabela 6.2 – Balanços consolidados Navigator 2014–19 (milhões de euros)

	2014	2015	2016	2017	2018	2019
Ativos Não Correntes						
Goodwill	376.8	377.3	377.3	377.3	377.3	377.3
Ativos Intangíveis	3	5	4	4	3	5
Ativos Fixos Tangíveis	1,250	1,321	1,295	1,171	1,239	1,250
Ativos sob Direito de Uso	0	0	0	0	0	46
Investimentos Financeiros Disponíveis para Venda	0	0	0	86	0	0
Outros Investimentos e Créditos a Receber Não Correntes	0	0	0	0	63	59
Ativos Biológicos e Outros Ativos Financeiros	114	117	126	130	120	132
Ativos por Impostos Diferidos	23	51	44	45	71	32
Total Ativos Não Correntes	**1768**	**1872**	**1847**	**1813**	**1873**	**1899**
Ativos Correntes						
Existências	189	213	209	188	222	218
Clientes e Outros Valores Correntes a Receber	189	215	216	238	373	247
Outros Devedores e Outros Ativos Correntes	63	58	70	75	14	25
Caixa e Seus Equivalentes	500	73	68	125	81	162
Total Ativos Correntes	**940**	**558**	**562**	**626**	**691**	**652**
Total Ativos	**2708**	**2430**	**2409**	**2439**	**2564**	**2552**

	2014	2015	2016	2017	2018	2019
Passivos Correntes						
Fornecedores	149	143	161	160	183	191
Credores Diversos	94	77	81	44	44	36
Outros Passivos Correntes	59	81	87	97	183	228
Endividamento	305	41	70	150	112	18
Instrumentos Financeiros Derivados	4	1	8	3	5	7
Total Passivos Correntes	**611**	**343**	**407**	**453**	**526**	**480**
Passivos Não Correntes						
Credores Diversos e Outros Passivos Não Correntes	39	39	33	25	82	31
Endividamento	468	687	639	668	652	906
Passivos por Impostos Diferidos	96	88	60	83	66	80
Provisões	41	59	31	20	43	20
Obrigações de Planos de Pensões	0	0	6	5	7	7
Total Passivos Não Correntes	**644**	**873**	**769**	**801**	**851**	**1044**
Total Passivo	**1255**	**1216**	**1176**	**1254**	**1377**	**1524**
Capital Próprio						
Capital	768	768	718	500	500	500
Ações Próprias e Prémios de Emissão	-97	-97	-1	-1	-2	-20
Outras Reservas	601	339	297	518	464	379
Resultado Líquido	181	196	218	167	225	168
Total Capital Próprio	**1453**	**1206**	**1231**	**1184**	**1186**	**1027**
Interesses Minoritários	**0**	**9**	**2**	**0**	**0**	**0**
Total Capital Próprio e Passivo	**2708**	**2430**	**2409**	**2439**	**2564**	**2552**

Determinação do Capital Investido

A determinação do Capital Investido seguiu o conceito apresentado na secção 4.1 do Capítulo 4 e encontra-se refletida na Tabela 6.3:

Tabela 6.3 – Determinação do Capital Investido da Navigator 2014–19, ótica das aplicações (milhões de euros)

	2014	2015	2016	2017	2018	2019
Disponibilidades de Caixa e Aplicações Financeiras	500	73	68	125	81	162
Ativos Detidos para Venda e O. Investimentos Correntes	0	0	0	0	0	0
Liquidez Total	**500**	**73**	**68**	**125**	**81**	**162**
Existências	189	213	209	188	222	218
Clientes e Outros Valores Correntes a Receber	189	215	216	238	373	247
Outros Devedores e Ativos Correntes	63	58	70	75	14	25
- Fornecedores	149	143	161	160	183	191
- Outros Passivos Corrente Não Financeiros	157	159	176	144	232	271
Fundo de Maneio	**135**	**183**	**157**	**197**	**195**	**28**
Ativos Não Correntes Tangíveis	1,250	1,321	1,295	1,171	1,239	1,250
Ativos Não Correntes Intangíveis e Goodwill	380	382	382	381	380	382
Ativos Financeiros e O. Ativos Não Correntes, Líq.	-38	-17	40	128	55	130
Ativos Não Correntes, Líquidos	**1,593**	**1,686**	**1,717**	**1,680**	**1,674**	**1,762**
Total Capital Investido	**2,227**	**1,941**	**1,942**	**2,003**	**1,950**	**1,951**

Assim, como se poderá apreciar da Tabela 6.3, desagregou-se o Capital Investido em três grandes rubricas. A primeira, designada de «Liquidez Total», consiste no somatório de duas rubricas encontradas no Balanço constante da Tabela 6.2, a saber, as disponibilidades de caixa e aplicações financeiras (de curto prazo) e, quando existam, outros ativos e investimentos correntes detidos para venda.

A segunda componente do Capital Investido refere-se àquilo de que designamos aqui de Fundo de Maneio. Tal consiste no conjunto dos ativos correntes não anteriormente incluídos na rubrica de Liquidez Total deduzidos dos passivos correntes não considerados como financeiros, isto é, sobre os quais não incidam de forma explícita encargos financeiros que sejam posteriormente integrantes do custo do endividamento a considerar no apuramento do custo médio ponderado do capital (WACC-*Weighted Average Cost of Capital*). Deste modo, as rubricas que integramos neste conceito de fundo de maneio incluem as seguintes parcelas:

- Parcelas positivas do Fundo de Maneio: Existências (líquidas de provisões); créditos a receber de clientes (igualmente líquidas de provisões); outros devedores correntes; outros ativos correntes (incluindo acréscimos e diferimentos ativos).
- Parcelas negativas do Fundo de Maneio: Dívidas a Fornecedores; outros passivos correntes não financeiros; provisões (registadas no Passivo); acréscimos e diferimentos passivos.

Ilustrando os cálculos para o ano de 2015, o valor incluído nesse ano na nossa rubrica «Outros Passivos Correntes Não Financeiros» (rubrica onde os valores não são tão imediatos como as componentes anteriores) integra os itens obtidos da Tabela 6.2 e discriminados na Tabela 6.4:

Tabela 6.4 – Outros Passivos Correntes Não Financeiros, da Navigator 2015 (milhões de euros)

Item	Valor
Outros Passivos Correntes	81
Instrumentos Financeiros Derivados	1
Credores Diversos	77
Total	**159**

Finalmente, a linha de «Ativos Financeiros e O. Ativos Não Correntes, líquidos» constante da Tabela 6.3, resulta da agregação dos itens da Tabela 6.2 que incluem elementos de Ativos Não Correntes não anteriormente categorizados como Ativos Não Correntes Tangíveis, Intangíveis ou Goodwill, deduzidos de rubricas de Passivos Não Correntes que não sejam classificáveis como Endividamento remunerado. O respetivo cálculo ilustrativo para 2015 é discriminado na Tabela 6.5:

Tabela 6.5 – Ativos Financeiros e O. Ativos Não Correntes, líquidos, da Navigator 2015 (milhões de euros)

Item	Valor
Ativos sob Direito de Uso	0
Investimentos Financeiros Disponíveis para Venda	0
Outros Investimentos e Créditos a Receber Não Correntes	0
Ativos Biológicos e Outros Ativos Financeiros	117
Ativos por Impostos Diferidos	51
(-) Credores Diversos e Outros Passivos Não Correntes	-39
(-) Passivos por Impostos Diferidos	-88
(-) Provisões	-59
(-) Obrigações de Planos de Pensões	0
Total	**-17**

Conforme referido no Capítulo 4, secção 4.1, o Capital Investido também pode ser determinado com base nas fontes de financiamento em vez de, como feito acima, se considerarem as aplicações desse financiamento (em Liquidez, Fundo de Maneio e Ativos Não Correntes líquidos). Assim, o valor do Capital Investido é nessa perspetiva calculado alternativamente com base no somatório dos Capitais Próprios[50] constantes do Balanço, bem como de todo o Passivo de Financiamento (Corrente ou Não Corrente) sobre o qual incidam explicitamente juros e outros encargos financeiros associados a esse endividamento. A Tabela 6.6 apresenta o respetivo cálculo para os anos de 2014 a 2019, no caso da Navigator:

Tabela 6.6 – Cálculo do Capital Investido da Navigator 2014–19, ótica do financiamento (milhões de euros)

	2014	2015	2016	2017	2018	2019
Situação Líquida	**1,454**	**1,214**	**1,233**	**1,185**	**1,187**	**1,027**
Endividamento Corrente	305	41	70	150	112	18
Endividamento Não Corrente	468	687	639	668	652	906
Endividamento Total	**773**	**727**	**708**	**818**	**764**	**924**
Total de Capital Investido	**2,227**	**1,941**	**1,942**	**2,003**	**1,950**	**1,951**
Capital Investido Médio (=CI)		**2,084**	**1,941**	**1,972**	**1,977**	**1,951**

[50] Esse valor inclui também os interesses minoritários apresentados no Balanço, adotando-se assim aqui a perspetiva de que se pretende medir a criação global de valor, incluindo aquele que será repartido também pelos acionistas minoritários de empresas do grupo.

Adicionalmente, como se pode observar da Tabela 6.6, optou-se por considerar os anos de 2015 a 2019, e por simplificação, a média simples do Capital Investido no início e final de cada ano. Esse é um procedimento habitual neste contexto, pois que evita alguns enviesamentos decorrentes da hipótese de ter havido uma variação significativa do Capital Investido durante o ano em causa, situação que tornaria desajustada a utilização do valor desse Capital exclusivamente no início ou no fim do ano.[51]

Cálculo dos Resultados Operacionais ajustados depois de impostos

A Tabela 6.7 apresenta os cálculos efetuados para a determinação dos Resultados Operacionais após impostos (ajustados):

Tabela 6.7 – Resultados Operacionais após impostos ajustados Navigator 2014–19 (milhões de euros)

	2014	2015	2016	2017	2018	2019
Resultado Operacional (EBIT)	218	283	230	255	303	234
Receitas Financeiras, Líquidas	4	5	6	7	2	3
EBIT + Rec. Financeiras (EBIT aj.)	222	288	237	262	305	237
ROIC=EBITaj/CI médio		13.84%	12.20%	13.29%	15.44%	12.13%
Taxa de Imposto Efetiva (T)						
Impostos sobre Lucros / Res. Antes impostos	1.4%	15.4%	-3.5%	16.0%	19.8%	21.6%
Fator Fiscal (1-T)	0.99	0.85	1.03	0.84	0.80	0.78
ROIC(1-T)		**11.7%**	**12.6%**	**11.2%**	**12.4%**	**9.5%**

Olhando para a Tabela anterior, uma pergunta que é naturalmente suscitada reside no motivo da inclusão das receitas financeiras (que incluem também ganhos em participações financeiras, no caso iguais a zero no período) no conceito de Resultado Operacional (ajustado). Tendo o conceito de Economic Profit sido desenvolvido em torno da noção de Resultados Operacionais, parece um pouco estranha agora a inclusão de uma rubrica eminentemente financeira como é o caso das receitas financeiras.

O motivo é, todavia, fácil de explicar. Por um lado, note-se que o Capital Investido inclui rubricas, concretamente o caso das disponibilidades de caixa e aplicações financeiras, que são suscetíveis de gerar diretamente receitas financeiras. Deste modo, seria desequilibrado que incluíssemos no Capital Investido esses itens sem que depois colocássemos (nos Resultados Operacionais,

[51] Em bom rigor, a solução teoricamente correta deveria ser uma média ponderada de todo o Capital Investido disponível durante todo o ano em causa, de acordo com a sua utilização efetiva nesse período.

que por isso têm de ser ajustados) a contrapartida de receitas financeiras geradas quando depois se calculasse o Economic Profit. Adicionalmente, existem rubricas de Fundo de Maneio que podem também suscitar receitas financeiras, como será o caso dos descontos de pronto pagamento obtidos que podem ocorrer quando se antecipa o pagamento (a pronto) a fornecedores. Mas, na verdade, existirão também componentes habitualmente consideradas como encargos financeiros, que também poderão ter de ser incluídas nos ajustamentos aos Resultados Operacionais (o que justifica a nossa terminologia de «Receitas Financeiras líquidas»). Tal é o caso de descontos de pronto pagamento concedidos a clientes que habitualmente pagariam à empresa a prazo. Também será o caso de despesas financeiras não associadas a empréstimos obtidos, como é o caso de comissões por garantias bancárias ou outras devidas por serviços não relacionados estritamente com financiamento. Deste modo, a lógica que consideramos dever estar aqui presente reside na inclusão de todas as receitas e encargos financeiros desde que não se possam associar a despesas ligadas ao endividamento remunerado da empresa (cujo custo deve estar presente apenas no taxa de juro *all-in* desses financiamentos obtidos).[52]

Adicionalmente, a taxa de imposto efetiva da empresa (T) foi determinada na Tabela 6.7 de acordo com o rácio entre a provisão para impostos sobre lucros e o valor dos resultados antes de impostos apresentados nas contas da empresa.[53]

Finalmente, com base nos Resultados Operacionais assim ajustados, na taxa de imposto estimada e nos valores, anteriormente já apresentados, do Capital Investido Médio, foi possível determinar a Rentabilidade do Capital Investido após impostos (ou ROIC (1-T) – *Return On Invested Capital, after taxes*)

[52] Alinhado com esta ideia, as despesas ou receitas associadas a variações cambiais deverão também integrar os ajustamentos aos Resultados Operacionais, desde que não sejam diretamente relacionáveis com operações de financiamento, caso em que seriam novamente de integrar no custo do endividamento a incluir no custo médio ponderado do capital (WACC).

[53] Observe-se que, em situações onde a preocupação seja o isolamento de um desempenho que seja o menos possível afetado por fatores fora do controlo do gestor, poderá justificar-se aqui a utilização por norma da taxa *standard* de imposto sobre lucros em vez da taxa de imposto efetiva. Isso pode ser adequado quer caso o gestor em causa não tenha responsabilidades sobre a gestão fiscal da empresa como quando haja alterações na fiscalidade impostas externamente sobre a empresa por força de mudanças no regime fiscal aplicável às sociedades comerciais.

para cada um dos anos de 2015 a 2019, conforme apresentado na última linha da Tabela 6.7. Os cálculos efetuados revelam assim que os níveis de ROIC (1-T) da empresa foram relativamente elevados no período, oscilando entre cerca de 10% e 13%.

Definição do custo do capital da Navigator (WACC)

Custo do capital alheio (k_D)

Para a determinação do custo do capital alheio a incluir no custo médio ponderado dos capitais (WACC), o princípio que teoricamente deveria ser seguido consiste na identificação da taxa de juro de *all-in* que estaria em cada momento disponível no mercado e aplicável para empresas com características de risco semelhantes e para uma maturidade de empréstimos equivalente à da empresa em questão. Esse valor pode eventualmente ser diferente da taxa *all-in* atualmente existente nos empréstimos detidos sobre a empresa, mas representa o verdadeiro custo de oportunidade para os seus financiadores por capital alheio.

No entanto, nem sempre esse custo será fácil de obter na prática por parte de um analista externo à empresa. Assim, e por razões de pragmatismo, é frequente utilizar a informação sobre encargos financeiros de empréstimos constante da demonstração de resultados para estimar o custo implícito do endividamento atual da empresa, no pressuposto de que esse custo seria equivalente nesse período ao real custo de oportunidade dos financiadores de capitais alheios da empresa.

No caso em concreto, vamos adotar essa segunda alternativa mais pragmática e adicionalmente iremos introduzir a simplificação, por razões meramente pedagógicas, de que todas as rubricas incluídas em «encargos financeiros» se referem a custos com o Endividamento da empresa.[54] Procedendo dessa forma, por exemplo no ano de 2015 o custo financeiro implícito foi determinado com base nos encargos financeiros desse ano (56 milhões de euros) que foram divididos pelo valor do endividamento médio[55] nesse ano (Dívida Total de 2014 + Dívida Total de 2015)/2, ou seja, 56/{[(305+468) + (41+687)]/2} = 7.43%. Os valores assim determinados para todo o período são apresentados na Tabela 6.8.

[54] Na verdade, como já discutido anteriormente, alguns desses custos poderão associar-se a serviços bancários ou outros não relacionados com endividamento, o que obrigaria à sua consideração nos Resultados Operacionais ajustados.

[55] Por questão de uma coerência com o princípio, atrás adotado, de utilização também do valor médio do Capital Investido em cada ano.

Tabela 6.8 – Determinação do custo implícito do capital alheio, Navigator 2015–19

Rubrica	2014	2015	2016	2017	2018	2019
Encargos Financeiros		56	27	15	24	22
Endividamento Total	773	727	708	818	764	924
Endividamento Médio		750	718	763	791	844
Custo de endividamento implícito (k_D)	**4.73%**	**7.43%**	**3.80%**	**1.93%**	**3.09%**	**2.59%**

Os valores do custo do endividamento parecem ser, à primeira vista, realistas e razoáveis, com exceção provavelmente do valor estimado para 2015. Uma análise mais cuidada dos encargos financeiros (ou dos empréstimos) desse ano poderia revelar a necessidade de alguns ajustamentos adicionais[56] (o que por parcimónia não foi efetuado aqui).

Custo do capital próprio (k_S)

O cálculo do custo do capital próprio, sendo menos objetivo do que o do capital alheio, geralmente é efetuado usando um modelo teórico que exprime o retorno exigível por um acionista em função das características de risco do investimento em causa. Existindo diversas alternativas para essa determinação (cada uma das quais com as suas limitações e vantagens: para uma revisão dos vários modelos ver, por exemplo, Galagedera, 2007), optou-se aqui pelo modelo mais comummente usado na prática[57], o CAPM-Capital Asset Pricing Model[58] (em português: MAAF-Modelo de Avaliação de Ativos Financeiros). Segundo esse modelo, o custo do capital próprio é definido como o somatório de uma taxa isenta de risco e de um prémio de risco que resulta da multiplicação do chamado «Equity Risk Premia», ou ERP, determinado como a diferença de longo prazo entre o retorno médio em ações e a taxa isenta de risco num certo mercado bolsista, por um parâmetro Beta (β_L). Esse parâmetro Beta pode ser entendido intuitivamente como correspondente a uma medida estatística do declive de uma reta que relaciona empiricamente o retorno de

[56] Por exemplo, poderão existir algumas componentes dos encargos financeiros desse ano que não estão relacionadas com o endividamento ou então os valores iniciais ou finais do endividamento podem espelhar montantes não representativos do verdadeiro nível médio de endividamento efetivamente usado no ano.

[57] Ver, por exemplo, Bruner *et al.* (1998) para os resultados de um inquérito feito a responsáveis e consultores financeiros nos EUA.

[58] Para uma análise do CAPM, ver, por exemplo, Perold (2004).

uma ação com o retorno do índice bolsista onde a ação se integra.[59] Ou seja, o retorno exigido pelo acionista é calculado de acordo com o CAPM, como

$$k_S = k_F + \beta_L\,(k_M - k_F) \quad (19)$$

Por sua vez, estudos anteriores (ver Hamada, 1972) mostram que, de acordo com certos pressupostos[60], o fator Beta incluído na equação anterior depende do Beta que ocorreria hipoteticamente para essa empresa caso esta não tivesse qualquer endividamento (a que chamaremos β_U, ou «Beta unlevered», ou ainda Beta não alavancado – por oposição ao β_L que é designado de «Beta levered» ou Beta alavancado), corrigido depois pelo nível de endividamento (D/S, ou Dívida sobre o valor do Capital Próprio) e pela taxa de imposto sobre lucros (T). Essa fórmula é habitualmente designada de fórmula de Hamada e apresenta-se da seguinte forma:

$$\beta_L = \beta_U \left[1 + \frac{D}{S}(1 - T) \right] \quad (20)$$

Adicionalmente, por vezes utiliza-se, para empresa não cotadas, uma adaptação do modelo (19) por via da inclusão de dois prémios de risco adicionais, os chamados SRP e CSRP, designadamente um Size Risk Premium (Prémio de risco de dimensão, aplicável a empresas de menor dimensão) e Company Specific Risk Premium, isto é, um prémio de risco associado às características específicas das atividades da empresa que não sejam devidamente capturadas em termos do ERP. A fórmula final assim ajustada será a que se apresenta na equação (21), sendo que habitualmente na prática os prémios adicionais

[59] Isso significa, por exemplo, que se o Beta for 1.2 para uma certa ação, então quando o retorno de um índice aumenta (diminui) 1%, em média espera-se que a ação em causa suba (desça) em média 1.2%. Deste modo, podemos dizer, em certa medida, com algum abuso de linguagem, que a ação é 1.2 vezes mais volátil do que o mercado de ações como um todo. Logo, se, por exemplo, o prémio de risco para o mercado como um todo (ERP) fosse de 5% em relação à taxa isenta de risco, então poder-se-ia afirmar que seria razoável exigir e esperar para essa ação um prémio igual a 1.2 vezes esse ERP.

[60] Na prática, esses pressupostos integram os pressupostos de Miller e Modigliani (1963) relativos ao valor de uma empresa alavancada na presença de impostos, e os do CAPM.

SRP e CSRP ascendem conjuntamente a valores num intervalo de 1% a 5% em relação ao CAPM.

$$k_S = k_F + \beta_L \, (k_M - k_F) + SRP + SCRP \quad (21)$$

Existindo alguns websites[61] que coligem dados sobre os Betas não alavancados de diversas empresas e sectores, recorreremos a essas fontes de informação para o caso em concreto da Navigator. Dadas as características da Navigator (grande empresa cotada), não iremos aqui incluir prémios adicionais a título de SRP ou CSRP.

Começando pelo Beta não alavancado, utilizou-se o valor desse parâmetro reportado em janeiro de 2020 por Aswath Damodaran no website disponível em http://pages.stern.nyu.edu/~adamodar/ para o sector de Papel e Produtos Florestais na Europa[62] (Paper and Forest Products) e que ascendia a 0.87. Seguidamente, ajustou-se o valor pelo rácio (contabilístico)[63] de Dívida/Capital Próprio e pela taxa implícita de imposto tal como observados na Navigator em cada ano. Os valores resultantes de betas alavancados são apresentados na Tabela 6.9:

[61] Por exemplo, o website do Prof. Aswath Damodaran disponível em http://pages.stern.nyu.edu/~adamodar/.

[62] Porquê usar o beta calculado para um sector a nível europeu e não o beta que poderíamos estimar para a Navigator, uma vez sendo esta uma empresa cotada? A razão prende-se com a observação empírica de que os betas calculados para empresas individuais são tipicamente muito oscilantes e maus previsores dos seus betas futuros, contrariamente aos betas de carteiras de empresas cotadas, os quais tendem a ser muito mais estáveis no tempo (ver a esse propósito, por exemplo, Blume, 1971). Acresce que, no caso particular do mercado português, a Bolsa nacional não tem características de liquidez (e talvez de eficiência) que tornem muito seguras as estimativas individuais de betas (nem existe no mercado nacional um número suficientemente grande de empresas do sector do papel e produtos florestais para podermos constituir uma carteira e observar o respetivo beta).

[63] Na verdade, ao usar aqui valores contabilísticos em vez de valores de mercado ou intrínsecos, não estamos a ser totalmente fiéis à fórmula de Hamada, que preconiza valores de mercado. Mas note-se que ao proceder assim neste caso estaremos a ser mais conservadores, dado que, no caso da Navigator, o valor de mercado dos seus capitais próprios tem sido superior ao seu valor contabilístico, pelo que o rácio de endividamento contabilístico será superior ao resultante da consideração de valores de mercado.

Tabela 6.9– Betas alavancados (β_L) da Navigator, 2015–19

B_L	=	B_U	(1 +	D/S	(1-T))
1.33	=	0.87	1	53.2%	98.6%
1.32	=	0.87	1	60.3%	84.6%
1.39	=	0.87	1	57.5%	103.5%
1.38	=	0.87	1	69.1%	84.0%
1.32	=	0.87	1	64.4%	80.2%
1.49	=	0.87	1	90.0%	78.4%

Seguidamente, usou-se essa informação para apurar o custo do capital próprio, seguindo o modelo CAPM e considerando adicionalmente informação sobre as taxas de juro isentas de risco, aproximadas pelas taxas observadas em Obrigações do Tesouro alemão de longo prazo (10 anos) no final de cada ano (fonte: Bloomberg).

Tabela 6.10 – Custo do capital próprio (k_S) da Navigator, 2015–19

k_F (Obrig. 10 anos Tes. Alemão)	ERP (k_M - k_F)	B_L	k_S não aj.	SRP+CSRP	k_S
0.54%	7.37%	1.33	10.34%	0.00%	**10.34%**
0.64%	7.37%	1.32	10.34%	0.00%	**10.34%**
0.21%	7.37%	1.39	10.46%	0.00%	**10.46%**
0.43%	7.37%	1.38	10.59%	0.00%	**10.59%**
0.25%	7.37%	1.32	9.99%	0.00%	**9.99%**
-0.19%	7.37%	1.49	10.77%	0.00%	**10.77%**

Fontes: Bloomberg e Damodaran Online

O passo seguinte consistiu no apuramento do custo médio ponderado do capital (WACC), usando para o efeito as proporções de dívida e capital próprio contabilisticamente observadas no período de 2015–19[64], e cujo resultado é

[64] Utilizaram-se os pesos contabilísticos e não os valores de mercado por quatro motivos. Em primeiro lugar, devido ao resultado demonstrado no Capítulo 3 de que o custo do capital pode ser baseado em valores contabilísticos sem colocar em causa a relação entre o Economic Profit assim calculado e o conceito de Valor. Em segundo lugar, porque assim não estaremos dependentes de valores de mercado cujo comportamento pode, por vezes, ser influenciado excessivamente por fatores externos fora do controlo da gestão da empresa. Em terceiro lugar, pela facilidade de cálculo, dado que os valores contabilísticos estão facilmente disponíveis. E, finalmente, porque na maioria das vezes estaremos a usar estes procedimentos para empresas não cotadas e não teríamos como obter os respetivos valores de mercado.

apresentado na Tabela 6.11. Por exemplo, no ano de 2015, o WACC resulta do seguinte cálculo: 63.9% × 10.34% + 36.1% × 7.43% × 0.85 = 8.9%

Tabela 6.11 – Cálculo do Custo Médio Ponderado do Capital (WACC), Navigator 2015–19

	2014	2015	2016	2017	2018	2019
Custo do Capital Próprio		10.34%	10.46%	10.59%	9.99%	10.77%
Custo da Dívida antes de economias fiscais		7.43%	3.80%	1.93%	3.09%	2.59%
Fator Fiscal (1-T)		0.85	1.03	0.84	0.80	0.78
WACC		**8.9%**	**8.0%**	**7.1%**	**7.0%**	**7.0%**
% Capital Próprio	65.3%	62.5%	63.5%	59.2%	60.8%	52.7%
% Endividamento	34.7%	37.5%	36.5%	40.8%	39.2%	47.3%
% Capital Próprio Médio		63.9%	63.0%	61.3%	60.0%	56.7%
% Endividamento Médio		36.1%	37.0%	38.7%	40.0%	43.3%

A tabela anterior mostra deste modo que as nossas estimativas, feitas nos termos dos pressupostos anteriormente descritos, do custo médio ponderado do capital da Navigator (WACC), foram relativamente estáveis no período. Assim, o valor do WACC oscilou entre um mínimo de 7.0% e um máximo de 8.9%, tendo-se observado uma tendência decrescente no período que resultou da combinação de uma taxa de custo da dívida progressivamente menor e de uma redução do peso médio do capital próprio (de 63.9% em 2015 para 56.7% em 2019).

Cômputo dos Economic Profits da Navigator

Finalmente, a junção dos cálculos apresentados nas Tabelas anteriores permite a determinação dos Economic Profits da Navigator para o período de 2015 a 2019. Os resultados finais desse cômputo estão patentes na Tabela 6.12.

Tabela 6.12 – Economic Profits da Navigator 2015–19

	2015	2016	2017	2018	2019	Média
ROIC(1-T)	11.7%	12.6%	11.2%	12.4%	9.5%	**11.5%**
WACC	8.9%	8.0%	7.1%	7.0%	7.0%	**7.6%**
Capital Investido Médio (=CI)	2,084	1,941	1,972	1,977	1,951	**1985**
Economic Profit (EP)	**58.9**	**88.8**	**79.7**	**106.6**	**49.0**	**76.6**
% EP/CI	2.8%	4.6%	4.0%	5.4%	2.5%	**3.9%**

A tabela anterior revela que a Navigator logrou, no período em análise, o alcance contínuo de Economic Profits positivos com valores que se situaram no intervalo de 2.5% a 5.4% do Capital Investido. A empresa teve assim, aparentemente, uma geração de valor anormal nos anos de 2015 a 2019, permitindo aos seus acionistas o usufruto de uma remuneração superior à exigível, tal como expressa pela taxa k_S da Tabela 6.10. A média do período foi cerca de 3.9%, um desempenho notável em relação ao sector europeu, apresentado na Tabela 6.13, sobretudo tomando em atenção que a nossa estimativa de custo do capital médio da Navigator para a o período foi de 7.6%, ligeiramente superior aos 7.4% reportados abaixo para o sector.

Tabela 6.13 – Economic Profits Sector Europeu de Papel e Produtos Florestais, 2015–19

Ano	EP/CI Sector Papel e Produtos Florestais	ROIC(1-T) sectorial	WACC sectorial
2015	4.9%	11.9%	7.0%
2016	0.8%	7.4%	6.6%
2017	1.6%	8.5%	6.9%
2018	6.9%	15.4%	8.5%
2019	1.6%	9.4%	7.8%
Média	**3.1%**	**10.5%**	**7.4%**

Fonte: Aswath Damodaran, website disponível em http://pages.stern.nyu.edu/~adamodar/

6.2. *Value drivers* do Economic Profit

Para além da análise da evolução do desempenho global de uma empresa no domínio da criação de Valor através da respetiva observação dos valores do Economic Profit e do rácio EP/CI, torna-se igualmente importante identificar os vários fatores que poderão ter estado na origem da evolução observada. Por exemplo, o EP/CI poderá ter melhorado num certo período devido a uma descida do seu WACC (resultado de uma alteração na sua estrutura de capitais), de uma melhoria nas margens da empresa (rácio EBIT/Vendas) ou por força de uma melhor rotação do Capital Investido, esta última podendo ter sido causada por um maior esforço de contenção do crescimento do Fundo de Maneio ou por um crescimento maior das Vendas, que ultrapassou o crescimento das demais rubricas do Capital Investido. Um veículo apropriado para fazer essa análise e decomposição de fatores é a chamada Análise Dupont, aplicada neste contexto à formação do Economic Profit.[65]

A lógica da Análise Dupont aplicada ao Economic Profit passa primeiro por decompor o rácio ROIC(1-T) em três fatores: a rentabilidade operacional das Vendas VND (i.e., EBIT/VND), a rotação do Capital Investido CI (i.e., VND/ /CI) e o fator fiscal (1-T), conforme apresentado na equação (4).

$$ROIC(1-T)=\frac{EBIT(1-T)}{CI}$$

$$ROIC(1-T)=\frac{EBIT}{VND}\times\frac{VND}{CI}\times(1-T) \qquad (22)$$

Por sua vez, o rácio EBIT/Vendas pode ser ainda decomposto em Margem Bruta/Vendas (MB/VND) deduzida do somatório dos rácios correspondentes a n rubricas de pesos dos diversos Custos Operacionais em relação às receitas totais (VND) da empresa:

$$\frac{EBIT}{VND}=\frac{MB}{VND}-\sum_{i=1}^{n}\frac{Custos_i}{VND}$$

Adicionalmente, uma análise mais desagregada das componentes do capital investido poderá ainda realçar os efeitos da gestão de fundo de maneio (através do comportamento, por exemplo, dos tempos médios de existências, recebimentos e pagamentos), das disponibilidades financeiras, ou ainda dos Ativos Não Correntes (por exemplo, o impacto dos investimentos em ativos tangíveis, intangíveis e financeiros).

Em termos gerais, o ensejo de uma desagregação das várias componentes suscetíveis de influenciar a formação do Economic Profit consiste na tentativa de identificar os chamados fatores-chave de criação de valor (*key value drivers*). Uma ilustração desse tipo de análise em cascata, feita pela empresa americana Boeing, é apresentada na Figura 6.1.

[65] Habitualmente, a técnica de Análise Dupont é sobretudo aplicada para explicar a formação da rentabilidade dos capitais próprios de uma empresa (Resultado Líquido/ /Situação Líquida, ou *ROE-Return on Equity*). Ver Farinha (1995), para uma discussão da Análise Dupont aplicada ao ROE.

Figura 6.1 – Análise em cascata do Economic Profit

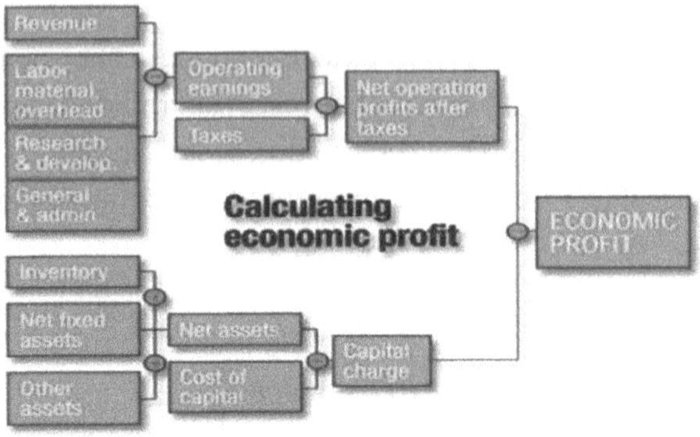

Fonte: www.Boeing.com

Ilustração 6.2 – Análise Dupont ao Economic Profit da Navigator (2019)

A aplicação da metodologia da Análise Dupont ao caso Navigator para o ano de 2019 permite a construção da «árvore» de fatores apresentada na Figura 6.2.

Figura 6.2 – Análise em cascata do Economic Profit histórico da Navigator (2019)

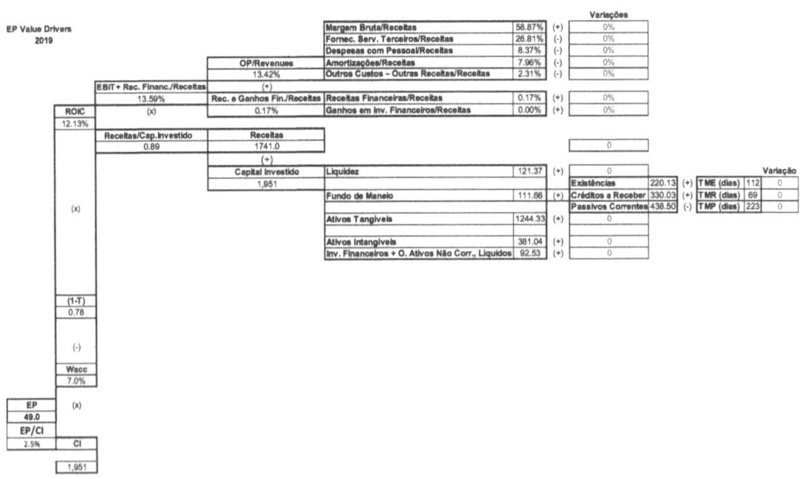

Independentemente da utilidade desta análise para a apreciação dos fatores que tenham contribuído para um determinado desempenho histórico ao nível da criação de valor (que, por parcimónia, não realizaremos em pormenor aqui no caso da Navigator), é de salientar o potencial da utilização desta técnica para estudar de forma prospetiva os efeitos desses mesmos fatores.

Ilustrando este ponto com o caso da Navigator, suponhamos que queremos estudar os efeitos de uma decisão de procurar aumentar as vendas da empresa (por exemplo, tendo em vista um horizonte de 5 anos, ou seja, para 2024) de forma permanente em 20% (348 milhões de euros). Naturalmente que essa decisão irá acarretar alterações potenciais em termos de capital investido (ex. dados tempos médios constantes, irão aumentar as existências, créditos sobre clientes e dívidas a fornecedores). Esse dado é importante para depois podermos balancear o possível aumento de Resultados Operacionais (EBIT após impostos) com o agravamento do custo do capital associado ao capital investido agora aumentado. Em simultâneo, é provável que o aumento de vendas possa ter de sacrificar um pouco as margens brutas da empresa. Admitamos que o rácio de Margem Bruta/Receitas passaria por hipótese dos atuais 58,87% (ver Figura 6.2) para apenas 55.97% (quebra de 3 pontos percentuais). Adicionalmente, necessitaríamos de investir mais em equipamentos, o que elevaria os Ativos Tangíveis Líquidos no período em cerca de 10% (mais 124 milhões de euros). Por hipótese, assumamos que (a) as restantes rubricas de custos operacionais irão manter o seu peso em relação às vendas, e (b) o custo do capital da empresa não se irá alterar (qualquer libertação de fluxos financeiros será aplicada na redução do capital investido nas mesmas proporções constantes do WACC, e eventuais necessidades de financiamento serão asseguradas também nessa mesma proporção).

Nestas condições, a aplicação do esquema Dupont da Figura 6.2 resultaria no seguinte impacto sobre o Economic Profit de 2024:

Figura 6.3 – Análise em cascata do Economic Profit prospetivo (estratégia de crescimento de vendas) da Navigator (2024)

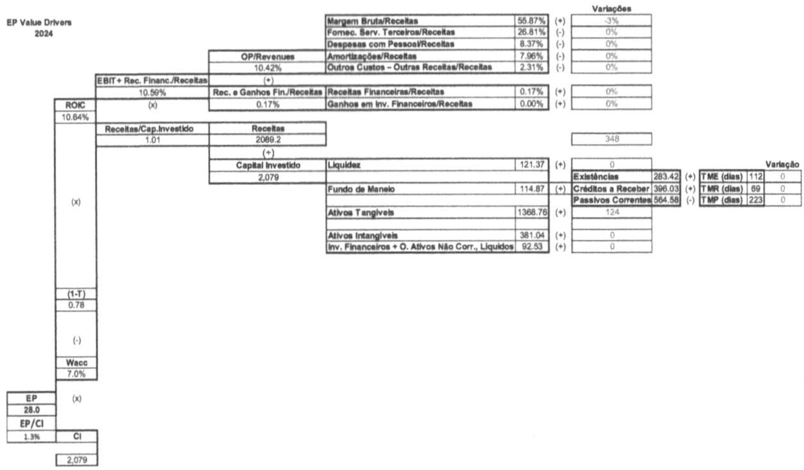

Conforme se pode apreciar na Figura 6.3, infelizmente esta estratégia não parece ser muito bem-sucedida na criação de valor. De facto, não apenas o valor absoluto do EP em 2024 é agora mais baixo do que em 2019 como o rácio de EP/CI passou agora para apenas 1.3% (quando inicialmente era de 2.5%). A razão prende-se com o facto de que a melhoria nas vendas e no valor absoluto dos resultados operacionais não é suficiente para eliminar o efeito do crescimento do custo de oportunidade do capital associado ao aumento do capital investido, que passa de 1951 para 2079 milhões de euros em resultado do incremento verificado no Fundo de Maneio e Ativos Tangíveis (sobretudo este último). Claramente, essa estratégia teria de ser revista no domínio da gestão das margens brutas ou dos investimentos em Ativos Não Correntes, senão mesmo em sede de Fundo de Maneio.

Vejamos agora a seguinte estratégia alternativa: em vez de haver um foco no aumento das vendas, suponhamos que a Navigator irá (a) esforçar-se em melhorar em 1 ponto percentual o peso dos Fornecimentos e Serviços Externos em relação às receitas, (b) reduzir a sua Liquidez total em 50 milhões de euros (atualmente possui 121 milhões), (c) diminuir o tempo médio de existência em 12 dias (de 112 para 100 dias) e (d) reduzir o tempo médio de recebimentos de clientes em 9 dias (de 69 para 9 dias). Admitamos ainda que, devido à contenção do crédito sobre clientes, a empresa poderá assistir a uma diminuição das suas vendas em 5% (-97 milhões de euros). Todas as demais rubricas de custos e proveitos mantêm o peso sobre as receitas. Nessas circunstâncias, a evolução previsível do Economic Profit seria a que é apresentada na Figura 6.4:

Figura 6.4 – Análise em cascata do Economic Profit prospetivo (estratégia alternativa de aumento de eficiência) da Navigator (2024)

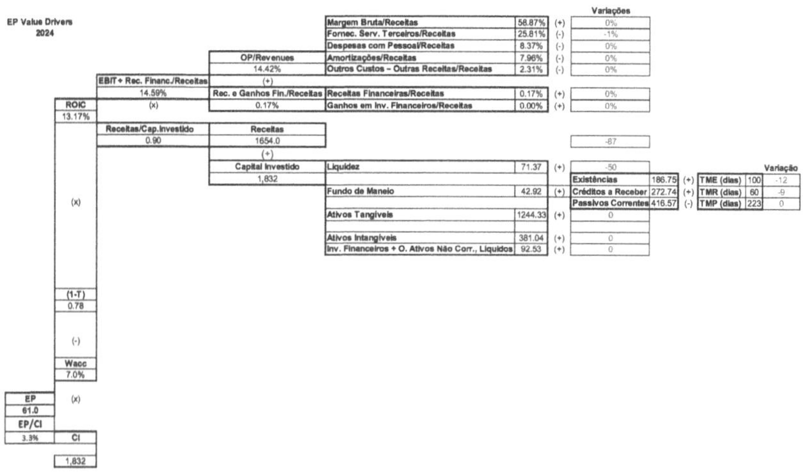

Os resultados apresentados na Figura 6.4 mostram que, apesar da redução das vendas da empresa, as poupanças de capital investido associadas à redução da liquidez total (-50 milhões de euros) e do Fundo de Maneio (de 115 para 43 milhões de euros) conduzem a um efeito global positivo sobre o Economic Profit que atinge, assim, em 2024 um valor correspondente a 3.3% do Capital Investido (subindo de 49 para 61 milhões em valor absoluto). Este exemplo mostra que, por vezes, as estratégias de crescimento podem fazer menos sentido em termos de criação de valor do que outras assentes mais na melhoria das condições com que a empresa gere os seus recursos![66]

Podemos ainda ir um pouco mais além na Análise Dupont acima apresentada. Na verdade, a simulação atrás feita pode permitir, por exemplo, perceber a sensibilidade de variações unitárias de certos fatores-chave (*value drivers*) sobre o Economic Profit e mesmo sobre o valor da empresa. Por exemplo,

[66] Diversos artigos da autoria de consultores da McKinsey apontam nesse mesmo sentido. Ver, por exemplo, Jiang e Koller (2007).

comparemos o efeito marginal sobre o EP de uma redução de 1 dia no tempo médio de existências (TME), diminuição de 1 dia no tempo médio de recebimentos (TMR), aumento de 1 milhão nas vendas, melhoria de 0.1% no peso dos custos operacionais (ex. FSEs-Fornecimentos e Serviços Externos) sobre as receitas e redução de 1 milhão na Liquidez. Não reportamos de novo a análise em árvore mas apenas os resultados finais dessa simulação, contemplando o efeito sobre o Economic Profit anual e sobre o valor da empresa (com base numa perpetuidade e considerando o custo do capital próprio da empresa), mantendo naturalmente tudo o mais constante. Os *outputs* dessa análise são apresentados na Tabela 6.14.

Tabela 6.14 – Impacto de variações unitárias de *value-drivers* no Economic Profit da Navigator (milhões de euros)

Rubrica	Impacto EP	Valor atual do Impacto em perpetuidade
Diminuição de 1 dia no TME	0.14	1.25
Diminuição de 1 dia no TMR	0.33	3.08
Aumento de 1 milhão nas Vendas	0.1	0.93
Melhoria de 0.1 pp na MB/VND	1.36	12.65
Redução de 1 milhão na Liquidez	0.07	0.63

A Tabela 6.14 revela, por exemplo, que a simples diminuição permanente de 1 dia no tempo médio de recebimentos da empresa leva a um aumento do valor da mesma em cerca de 3.08 milhões de euros. Por sua vez, um dia de *stocks* a mais corresponde a uma perda potencial de 1.25 milhões de euros. Mas o efeito mais expressivo está no impacto de uma redução de 0.1 pontos percentuais do peso dos custos operacionais nas receitas, situação que leva a um aumento do valor em perpetuidade de quase 13 milhões de euros (12.65 milhões). Este exemplo mostra como esta e outras análises semelhantes podem ser determinantes na escolha dos objetivos estratégicos de uma empresa e na definição dos KPIs («Key Performance Indicators») que deverão presidir, por exemplo, aos sistemas de incentivo a implementar na empresa (tema a discutir no Capítulo 7).

6.3. Ajustamentos contabilísticos

Conforme foi sugerido no Capítulo 5 a propósito da discussão das amortizações «lineares» *versus* «económicas», por vezes torna-se relevante equacionar ajustamentos contabilísticos aos Resultados Operacionais (EBIT) ou Capital Investido por forma a que espelhem melhor, numa análise de curto prazo, o real valor criado por uma empresa (ou projeto) num dado período de tempo. Note-se, mais uma vez, e à luz do que foi já mostrado no Capítulo 5, que alterações contabilísticas como as que serão propostas nesta secção não têm na verdade impacto no valor atual dos Economic Profits de uma empresa. No entanto, podem ilustrar de forma mais apropriada o valor criado a mais curto prazo, o que é relevante, nomeadamente no contexto de utilização do Economic Profit em sistemas de incentivo (tema que será abordado no capítulo seguinte).

Neste contexto, porquê pensar na necessidade de ajustamentos contabilísticos na determinação do Economic Profit? Segundo Young e O'Byrne (2001), os propósitos desses ajustamentos contabilísticos potenciais incluem os seguintes:

- Retirar enviesamentos de conservadorismo que resultam da adoção de alguns princípios contabilísticos (ex. *successful efforts accounting*)
  - ex. *Write-offs* e imparidades
- Tornar o ROIC mais próximo da TIR-Taxa Interna de Rentabilidade
  - ex. Depreciação económica *versus* contabilística (linear)
- Limitar discrição nas políticas contabilísticas
  - ex. Provisões
- Eliminar certos custos pouco justificáveis numa lógica de criação de valor
  - ex. Amortização de Goodwill

Passemos em revista algumas destas situações através de exemplos numéricos.

a) *Succesful efforts accounting*

Um princípio contabilístico básico é a ideia de que apenas os investimentos que sejam bem-sucedidos devem ser capitalizados (isto é, tratados como um ativo amortizável). Assim, investimentos que se reconheçam ter sido um insucesso devem ser abatidos de imediato nas contas (por imparidade) se não existir a expectativa justificada de geração futura de benefícios económicos futuros. A Ilustração 6.3 seguinte mostra os efeitos desse princípio (designado de *successful efforts accounting*) aplicados à análise de investimentos.

Ilustração 6.3 – Ajustamentos ao princípio do *succesful efforts accounting*

Suponhamos a existência de um projeto de investimento relacionado com a tentativa de exploração petrolífera *off-shore* nas costas nacionais. Estudos prévios indicam a probabilidade de 20% de sucesso na deteção de reservas petrolíferas de exploração rentável, pelo que uma empresa planeia fazer cinco perfurações (cada uma delas com um custo de 1000 milhões no momento 0) sem ter certeza de qual será rentável (mas estando confiante que uma delas resultará numa exploração financeiramente viável). Se assim acontecer, admitamos que as receitas de exploração líquidas anuais derivadas dessa exploração serão de 1500 milhões. Em relação às perfurações que se revelem improdutivas, no ano 1 haverá que fazer um *write-off* (constituição de uma provisão ou imparidade ao valor do investimento em causa). Admitamos que não existem impostos sobre lucros e que o custo do capital é 10%.

Tabela 6.15 – Projeto de investimento com *successful efforts accounting* (milhões de euros)

Ano	0	1	2	3	4	5
Probabilidade de sucesso	20%					
Despesas de Exploração		4200	200	200	200	200
Proveitos de Exploração		1500	1500	1500	1500	1500
Res. Operacional (T=0)		-2700	1300	1300	1300	1300
Investimento	5000					
Capital Investido (CI)	**5000**	**800**	**600**	**400**	**200**	**0**
ROIC		**-54.0%**	**162.5%**	**216.7%**	**325.0%**	**650.0%**
Free Cash Flow	**-5000**	**1500**	**1500**	**1500**	**1500**	**1500**
TIR	**15.2%**					
VAL	**686.2**					
EP (custo do capital=10%)		**-2780**	**1240**	**1260**	**1280**	**1300**
EP/CI		**-55.6%**	**155.0%**	**210.0%**	**320.0%**	**650.0%**
EP acumulado	**2300**					
Média EP/CI	**255.9%**					

Conforme se pode apreciar da Tabela 6.15, este projeto apresenta níveis de rentabilidade confortáveis (TIR de 15.2% superior ao custo do capital de 10% e um VAL de 686.2 milhões). Não obstante o valor atual dos Economic Profits ser idêntico ao VAL, os EPs individuais de cada ano comportam-se de uma forma estranha, sendo muito negativo o valor do EP no ano 1 e muito positivos os valores dos anos seguintes. A razão desse facto reside, claro, na aplicação do princípio de *successful efforts accounting*. Na verdade, houve um incremento de custos muito elevado no ano 1 devido ao *write-off* (ou imparidade) ao valor das quatro perfurações que se revelaram sem viabilidade económica, que atingiu 4000 milhões, ao qual acresce o montante de 200 milhões referente à amortização anual (considerando um período de amortização útil de 5 anos) da única perfuração que ser revelou rentável. Nos anos 2 e seguintes, as receitas são as mesmas, mas agora com amortizações de apenas 200 milhões anuais e um capital investido que ficou fortemente reduzido no ano 1 devido à imparidade de 4000 milhões. Claramente que o EP anual está distorcido. Note-se, aliás, que a média de EP/CI do período é de uns elevadíssimos 255.9%, quando a real rentabilidade anual do projeto deveria ser de apenas 5.2% (isto é, a diferença entre a TIR do projeto de 15.2% e o custo do capital de 10%)!

Dado que o problema claramente reside no princípio aplicado do *successful efforts accounting* (ligado ao princípio do conservadorismo habitual nas normas contabilísticas[67]), vejamos o que sucederia se derrogássemos esse princípio e amortizássemos anualmente (e linearmente) todo o valor investido (e não apenas a parte bem-sucedida dos investimentos feitos). A introdução dessa alteração está retratada na Tabela 6.16.

Tabela 6.16 – Projeto de investimento com derrogação do princípio de *successful efforts accounting* e usando amortizações lineares (milhões de euros)

Ano	0	1	2	3	4	5
Probabilidade de sucesso	20%					
Despesas de Exploração		1000	1000	1000	1000	1000
Proveitos de Exploração		1500	1500	1500	1500	1500
Res. Operacional (T=0)		500	500	500	500	500
Investimento	5000					
Capital Investido (CI)	**5000**	**4000**	**3000**	**2000**	**1000**	**0**
ROIC		**10.0%**	**12.5%**	**16.7%**	**25.0%**	**50.0%**
Free Cash Flow	**-5000**	**1500**	**1500**	**1500**	**1500**	**1500**
TIR	**15.2%**					
VAL	**686.2**					
EP (custo do capital=10%)		**0**	**200**	**300**	**400**	**500**
EP/CI		**0.0%**	**5.0%**	**10.0%**	**20.0%**	**50.0%**
EP acumulado	**1400**					
Média EP/CI	**17.0%**					

[67] Note-se que o propósito das normas contabilísticas existentes não é tipicamente, como aqui, a mensuração do valor criado, mas sobretudo o alcance de outros objetivos como, por exemplo, a proteção dos interesses dos credores, do Estado e eventualmente de algumas outras partes interessadas, o que pode justificar de alguma forma a adoção de critérios de maior prudência e conservadorismo.

A derrogação do princípio de conservadorismo anteriormente usado revela na Tabela 6.16 que, sem prejuízo da manutenção do valor atual dos EPs (sempre equivalente ao VAL), agora a leitura dos valores de EP e do rácio EP/CI é mais consistente com a criação de valor efetivamente observada no projeto em causa: os valores dos EP são sempre positivos e, embora não sendo perfeito, o valor médio do EP/CI situa-se agora em 17.0% (bem mais realista do que o valor anterior de 255.9%, mas, ainda assim, algo longe do valor desejável de 5.2%).

Em muitas situações, esta mudança para um regime de amortização linear de todos os investimentos feitos seria suficiente para eliminar os principais enviesamentos resultantes da aplicação do princípio do *successful efforts accounting*. Mas se quiséssemos ir ainda mais além na busca da solução «perfeita», teríamos novamente de recorrer ao conceito de amortizações económicas (ver Capítulo 5). Essa situação está espelhada na Tabela 6.17.

Tabela 6.17 – Projeto de investimento com derrogação do princípio de *successful efforts accounting* e usando amortizações económicas (milhões de euros)

Ano	0	1	2	3	4	5
Probabilidade de sucesso	20%					
Despesas de Exploração		738.1	850.6	980.2	1,129.5	1,301.7
Proveitos de Exploração		1500	1500	1500	1500	1500
Res. Operacional (T=0)		762	649	520	370	198
Investimento	5000					
Capital Investido (CI)	**5000**	**4261.9**	**3411.4**	**2431.2**	**1301.7**	**0.0**
ROIC		**15.2%**	**15.2%**	**15.2%**	**15.2%**	**15.2%**
Free Cash Flow	**-5000**	**1500**	**1500**	**1500**	**1500**	**1500**
TIR	**15.2%**					
VAL	**686.2**					
EP (custo do capital=10%)		**261.9**	**223.2**	**178.7**	**127.4**	**68.2**
EP/CI		**5.2%**	**5.2%**	**5.2%**	**5.2%**	**5.2%**
EP acumulado	**859.4**					
Média EP/CI	**5.2%**					

b) Capitalização de despesas versus *custos do exercício*

Um segundo ajustamento que pode ser relevante em algumas situações reside na prática habitual de capitalização de custos financeiros[68] incorridos durante a realização de investimentos até à entrada em funcionamento destes. Por

[68] Ver, por exemplo, a norma contabilística e de relato financeiro (NCRF) nr. 10, baseada na norma internacional de contabilidade IAS23.

exemplo, durante a construção de uma nova unidade fabril é uma prática habitual tratar essas despesas como fazendo parte do Ativo Não Corrente que está sendo edificado, sendo posteriormente objeto de amortização à luz do princípio de *matching*, que preconiza uma correspondência entre o período de registo de receitas e o do registo das despesas associadas à geração dessas proveitos.

Percebendo o espírito que preside a esse princípio contabilístico, recorde--se mais uma vez que o nosso propósito aqui é estritamente de mensurar o valor criado num certo período da forma mais correta possível. Nesse contexto, torna-se imediato que custos financeiros derivados da utilização de empréstimos devem ser tratados no Economic Profit exclusivamente como integrados no custo do capital e não no Capital Investido. Na realidade, no conceito de EP, a filosofia subjacente ao valor que o Capital Investido deve assumir nesse cálculo reside essencialmente na perspetiva de que este seja o mais possível próximo do valor que as rubricas integrantes do CI (Ativos Não Correntes, fundo de maneio, disponibilidades) terão em caso da sua compra (reposição) ou alienação a valores de mercado para uso alternativo por parte de terceiros. Não nos parece que a integração de custos financeiros no Ativo Não Corrente alterasse o valor que alternativamente esse ativo pudesse ter no mercado.[69]

Deste modo, quando custos financeiros tenham sido capitalizados e integrados no capital investido, e sendo os seus valores muito significativos, o procedimento correto em sede de cálculo do EP seria eliminar essa capitalização, mantendo sempre os custos financeiros exclusivamente como remuneração do capital investido (via WACC).

Adicionalmente, quando estejamos perante despesas, como é o caso de I&D – Investigação e Desenvolvimento, ou até de certas despesas de Marketing, que sejam suscetíveis de ter implicações futuras em matéria de geração de receitas, o raciocínio a ter em matéria de critérios a aplicar para o cálculo do Economic Profit é próximo do seguido aquando da ilustração 6.3 referida a propósito dos problemas do *succesful efforts accounting*. Assim, o reconhecimento imediato, ou prematuro, de despesas de I&D, Marketing ou outras que

[69] Por exemplo, se dois prédios idênticos tivessem sido construídos na mesma altura e local, sendo um desses totalmente financiado por capitais próprios e o outro em parte com endividamento, poderíamos dizer que o valor de reposição (ou de mercado) dos dois devesse ser diferente?

possam ter, de forma clara, repercussões na geração de receitas futuras leva de novo potencialmente a um desequilíbrio na repartição dos EPs ao longo do tempo (ainda que não prejudicando, uma vez mais, o valor atualizado desses EPs). Tal constatação torna claramente preferível a opção, menos conservadora e menos prudente, de repartir tais despesas desejavelmente pelo período de distribuição dos respetivos proveitos futuros.

O exemplo que se segue (Ilustração 6.4) refere-se à situação de tratamento, em sede de Economic Profit, de despesas com o despedimento de colaboradores numa situação (infelizmente frequente nos nossos dias) em que uma descida de procura ditou a existência de colaboradores em excesso e à necessidade de pagamento de indemnizações.

Ilustração 6.4. – Despesas com indemnizações por despedimentos

Considere-se a situação de uma empresa que contempla a realização de um despedimento de colaboradores onde irá ter de pagar uma indemnização de 1516.3 milhares de euros mas poupando posteriormente despesas salariais de 400 mil euros durante 5 anos (até à idade esperada de reforma dos colaboradores objeto de despedimento). As despesas com indemnizações são consideradas como custos do exercício e a empresa enfrenta uma taxa de imposto sobre lucros de 30% (permitindo, nomeadamente, algumas poupanças fiscais em IRC aquando do registo das indemnizações). O custo do capital da empresa é 10%.

Os efeitos sobre o Economic Profit desta operação são retratados na Tabela 6.18.

Tabela 6.18 – Economic Profit e Despesas com despedimentos (milhares de euros)

Ano	0	1	2	3	4	5
Poupanças salariais		400	400	400	400	400
Indemnizações	1516.3					
Impostos (T=30%)	-454.9	120	120	120	120	120
Res. Operacionais (1-T)	-1061.4	280	280	280	280	280
Capital Investido	0	0	0	0	0	0
EP (custo do capital=10%)	**-1061.4**	**280.0**	**280.0**	**280.0**	**280.0**	**280.0**
EP acumulado	**338.6**					
VAL	**0.00**					
VA EPs	**0.00**					

Analisando a Tabela 6.19, notemos em primeiro lugar que o valor a entregar aos colaboradores despedidos corresponde ao máximo que a empresa poderia pagar sem destruir valor. De facto, o VAL do projeto é zero, tal como indica o valor atual dos respetivos Economic Profits. Note-se que neste caso não existe Capital Investido, pois tudo se desenrola em termos de custos operacionais (suportados ou poupados). No entanto, apesar de o VAL deste projeto ser zero, o EP é muito negativo no momento 0 (existe um custo extraordinário nessa data de -1061.4 milhares de euros após impostos, ao que se seguem Economic Profits de 280 em cada ano). Já agora, repare-se que esses valores de EP são, neste caso particular, idênticos aos *Free Cash Flows* do projeto, já que não existem amortizações nem investimentos iniciais em Capital Investido ou Fundo de Maneio. O próprio valor dos EPs acumulados (não atualizados) é bastante positivo, o que não se coaduna com as características deste «projeto».

Claramente, podemos ver os riscos de se caracterizar o desempenho financeiro desta maneira. Por vezes, as empresas decidem que acontecimentos extraordinários (*one-off*) desta índole deveriam ser expurgados da análise do desempenho. Se isso significasse que esses custos com indemnizações fossem ignorados nas métricas de desempenho a usar em sistemas de incentivo para os gestores da empresa, isso seria sem dúvida desequilibrado, pois que nos anos seguintes os gestores beneficiariam de elevados valores de Economic Profit quando, na verdade, a rentabilidade anormal deste «projeto» é nula.

Mais uma vez, o problema deriva da circunstância de haver um desencontro entre o *timing* das despesas com indemnizações e o período relativamente ao qual a empresa irá beneficiar das poupanças salariais associadas. A solução natural para resolver este desequilíbrio será certamente tratar os valores das indemnizações como um «investimento», a amortizar periodicamente ao longo dos 5 anos subsequentes. Essa situação é apresentada na Tabela 6.19 que se segue.

Tabela 6.19 – Economic Profit e Despesas com despedimentos, capitalização de indemnizações (milhares de euros)

Ano	0	1	2	3	4	5
Poupanças salariais		400	400	400	400	400
Amortizações (sem efeitos fiscais)		212.3	212.3	212.3	212.3	212.3
Indemnizações	1516.3	0	0	0	0	0
Impostos (T=30%)	-454.9	120	120	120	120	120
Res. Operacionais (1-T)	0	67.7	67.7	67.7	67.7	67.7
Capital Investido	1061.4	849.1	636.9	424.6	212.3	0.0
EP (custo do capital=10%)	**0**	**-38.4**	**-17.2**	**4.0**	**25.3**	**46.5**
EP acumulado	**20.2**					
VA EPs	**0.00**					

Conforme podemos apreciar da Tabela 6.19 supra, o valor dos EPs afigura-se agora muito mais equilibrado ao longo do período e mesmo o valor acumulado (não atualizado) dos EPs aproxima-se agora de zero (seria exatamente de zero, tal como o valor do EP em cada momento, se aplicássemos as amortizações «económicas»). Mais uma vez, o Valor atual dos EPs não é modificado por esta alteração de critério contabilístico (presume-se que a poupança fiscal do momento 0 se mantém intacta, pois é do interesse da empresa que assim seja – o valor atual das poupanças fiscais é maximizado nesse caso[70]).

Em conclusão, o exemplo anterior reforça as ideias, atrás adiantadas, de que (a) deve ser efetuado um esforço, com o objetivo de obter um cálculo correto do Economic Profit, para que despesas com impacto em receitas ou custos operacionais futuros devam ser capitalizadas e o seu montante posteriormente repartido por amortizações ao longo do período de ocorrência de tais receitas ou custos futuros, e (b) será de evitar que despesas (ou receitas) vistas como extraordinárias, excecionais ou não recorrentes devam ser por regra ignoradas na apreciação do desempenho, pois que muitas vezes têm consequências futuras sobre a rentabilidade operacional ou se relacionam com rubricas operacionais passadas.[71]

c) Assincronia entre o prazo de amortização fiscal e a vida útil de Ativos Não Correntes

Insistindo em alguns pontos da discussão anterior, também podem existir enviesamentos no cálculo do EP periódico nos casos em que o prazo de amortização fiscal de certos Ativos Não Correntes seja diferente do da vida útil

[70] Repare-se que esta observação sugere que, na prática, a contabilidade interna da empresa, existindo esta preocupação com a mensuração da criação de valor, pode tratar as amortizações de uma forma distinta da contabilidade externa que é reportada nomeadamente para efeitos fiscais.

[71] Por exemplo, um evento extraordinário como um incêndio cujos prejuízos não estavam totalmente cobertos por um seguro darão lugar a um custo extraordinário. Se o ignorássemos na apreciação do desempenho de um gestor, estaríamos perante um enviesamento, pois, se os custos passados com seguros não foram os mais adequados, o gestor viu nessa altura o seu desempenho melhorado por via de custos abaixo do que seria sustentável e adequado.

desses elementos do capital investido. A Ilustração 6.5 seguinte põe a tónica neste aspeto.

Ilustração 6.5 – Assincronia entre o prazo de amortização fiscal e a vida útil de Ativos Não Correntes

Consideremos um investimento e Ativos Não Correntes no valor de 4100 milhares de euros que será fiscalmente amortizado em 3 anos, mas que terá uma vida útil de 5 anos. A empresa espera ter proveitos operacionais líquidos de custos operacionais num total de 1500 milhares de euros durante 5 anos (antes de amortizações). A taxa de imposto sobre lucros é de 30% e a empresa tem um custo do capital de 10%. Não existe investimento em Fundo de Maneio.

A análise deste projeto é retratada na Tabela 6.20.

Tabela 6.20 – Assincronia entre o prazo de amortização fiscal e a vida útil de Ativos Não Correntes (milhares de euros)

Ano	0	1	2	3	4	5
Investimento	4100					
Proveitos Operacionais Líquidos		1500	1500	1500	1500	1500
Amortizações		1366.7	1366.7	1366.7	0	0
Res. Operacionais (RO)		133.3	133.3	133.3	1500	1500
Impostos		40	40	40	450	450
RO após Impostos		93.3	93.3	93.3	1050	1050
Free Cash Flows	-4100	1460.0	1460.0	1460.0	1050.0	1050.0
TIR	18.9%					
VAL	899.9					
Capital Investido (CI)	4100	2733.3	1366.7	0.0	0.0	0.0
ROIC(1-T) (c/ base no CI inic.)		2.3%	3.4%	6.8%	infinito	infinito
EP		**-316.7**	**-180.0**	**-43.3**	**1050**	**1050**
EP/CI		**-7.7%**	**-6.6%**	**-3.2%**	**infinito**	**infinito**
Média ROIC(1-T)	sem signif.					
VA EPs	899.9					

Os cálculos apresentados na Tabela 6.20 mostram que o projeto tem uma rentabilidade apreciável, ostentando uma TIR de 18.9%, superior ao custo do capital (10%), sendo o respetivo VAL positivo em cerca de 899.9. Mas, mais uma vez, os valores individuais do EP são altamente oscilantes, não sendo mesmo possível determinar o ROIC dos últimos dois anos nem a média do ROIC(1.T) do período, pois a partir do ano 3 (inclusive) o Capital Investido já se encontra esgotado, levando a ROICs infinitos. Os EPs são assim bastante negativos nos primeiros 3 anos e altamente positivos nos dois últimos anos, pelo efeito conjugado de ausência de amortizações nesse período de um Capital Investido nulo.

A solução natural neste caso passa novamente pelo alinhamento entre o período de amortizações e os anos onde existirão receitas associadas a este projeto. A Tabela 6.21 apresenta os resultados deste ajustamento (assumindo uma linearidade da repartição das amortizações ao longo dos 5 anos em questão mas sem efeitos fiscais, pois que é do interesse da empresa manter o seu reporte fiscal por apenas 3 anos).

Tabela 6.21 – Alinhamento entre o prazo de amortizações e a vida útil de Ativos Não Correntes (milhares de euros)

Ano	0	1	2	3	4	5
Investimento	4100					
Proveitos Operacionais Líquidos		1500	1500	1500	1500	1500
Amortizações		820	820	820	820	820
Res. Operacionais (RO)		680	680	680	680	680
Impostos		40	40	40	450	450
RO após Impostos		640	640	640	230	230
Capital Investido (CI)	4100	3280	2460	1640	820	0
ROIC(1-T) (c/ base no CI inic.)		15.6%	19.5%	26.0%	14.0%	28.0%
EP		**230**	**312**	**394**	**66**	**148**
EP/CI		**5.6%**	**9.5%**	**16.0%**	**4.0%**	**18.0%**
Média ROIC(1-t)	20.6%					
VA EPs	899.9					

É fácil de observar, na Tabela 6.21, que o procedimento de alinhar o prazo de amortizações (mantendo a mesma provisão para impostos inicial) permite agora que todos os EPs do período se tornem positivos e com uma dimensão bastante mais razoável.[72] A média do ROIC (1-T) é agora de 20.6%, já razoavelmente próxima da TIR do projeto (18.9%).

d) Reavaliações e imparidades

Uma questão que recorrentemente se levanta a propósito do cálculo na prática do Economic Profit prende-se com a hipótese de serem, ou não, reavaliados certos Ativos Não Correntes detidos pela empresa, e qual o seu tratamento em termos de EP. Existem diversos equívocos a esse propósito que merecem ser discutidos.

[72] Poderíamos ir ainda um pouco mais além e repartir contabilisticamente a fiscalidade de forma mais suave ao longo do tempo criando impostos diferidos passivos ou ativos que depois seriam integrados no Capital Investido (reduzindo ou aumentando este, consoante o caso), mas sem prejuízo do pagamento de impostos de acordo com o *timing* previsto no projeto inicial.

O reconhecimento de um maior valor de um Ativo Não Corrente por via de uma reavaliação significa o reconhecimento de uma maior riqueza dos acionistas?

A resposta a esta questão é um incontornável «depende». De facto, há que esclarecer que o Valor de uma empresa (V) pode ser escrito como o máximo entre o seu valor patrimonial VP (essencialmente o valor que uma venda dos seus ativos líquidos proporcionaria em caso de liquidação)[73] e o seu valor de rendimento VR (o valor que resulta da continuada utilização operacional desses mesmos ativos líquidos com o objetivos de deles extrair *Free Cash Flows* desejavelmente positivos[74]). Assim se, por hipótese, o Valor Patrimonial fosse de 100 mas o Valor de Rendimento ascendesse a 120, não faria sentido liquidar a empresa mas sim manter a empresa em funcionamento, pelo que o valor justo da empresa seria de 120. Por sua vez, se atribuirmos à empresa um Valor Patrimonial de 120 quando o seu valor de rendimento não ultrapassasse os 100, seria lógico, desde que os custos de liquidação estivessem já contemplados no VP, que os ativos líquidos da empresa fossem alienados no mercado pelo valor de 120 e que o produto da venda fosse entregue aos acionistas. Estes, posteriormente, aplicariam esses fundos de forma a proporcionarem, no mínimo, um retorno equivalente ao custo do capital próprio empregue.

Em termos analíticos, podemos então escrever

$$V = Max\,(Vp,\, VR)$$

Isso será o mesmo que escrever

$$V = Max\left(CI_0, \sum_{t=1}^{+\infty} \frac{FCF_t}{(1+k)^t} \right)$$

Mas nós já sabemos (ver Capítulo 3) que isso é idêntico a

$$V = Max\left(CI_0, CI_0 + \sum_{t=1}^{+\infty} \frac{EP_t}{(1+k)^t} \right) \quad (23)$$

[73] Onde seria necessário incluir os devidos custos de liquidação, incluindo, por exemplo, custos com indemnizações aos colaboradores.
[74] Para uma discussão desta questão, sugere-se Farinha (1993).

A equação (5) mostra que o valor de rendimento será superior ao valor patrimonial se os EPs forem positivos.[75]

Nestes termos, suponhamos uma empresa que possui um VP de 100 e um VR de 120. Se devido à valorização imobiliária dos seus edifícios, o valor de possível alienação desse ativo aumentasse em 10, ficariam os acionistas mais ricos devido a essa valorização (por outras palavras, deveria o Economic Profit aumentar com essa reavaliação)? A resposta é negativa. Nestas circunstâncias, é fácil de ver que o valor se mantém em 120, pois que o Max (110, 120) continua a ser 120. Mas deveria mesmo assim ser efetuada a reavaliação? A nossa opinião sobre isso é afirmativa. De facto, apesar de não haver um incremento da riqueza dos acionistas, o custo de oportunidade dos capitais investidos usados na empresa deve aumentar, reduzindo consequentemente o valor do EP periódico. Assumindo que não existirão efeitos fiscais ou financeiros associados a essa reavaliação, o efeito na fórmula do Valor de Rendimento será nulo, pois que se prova que o aumento do CI seria compensado de forma equivalente através da redução do valor atual dos EPs futuros. Mas algo de relevante sucede nesse processo: o gestor tem agora uma indicação preciosa de que os ativos da empresa possuem um maior valor de uso alternativo no mercado. E se um dia o valor dos EPs se tornar negativo por causa de reavaliações, o gestor terá uma motivação acrescida para pensar numa possível alienação de ativos ou outra forma de restruturação do seu conjunto de Ativos Não Correntes (por exemplo, através de uma deslocação das suas atividades para outro local com um valor imobiliário mais reduzido, se tal compensar os custos de deslocação; ou ainda através de uma possível operação de *sale and lease back* (venda do ativo seguida de um aluguer), se essa operação for suficientemente rentável para a empresa por algum ganho de eficiência que possa proporcionar[76].

Seja como for, o exemplo anterior mostra a importância da interpretação de Economic Profits negativos como transmitindo a ideia de que os Capitais

[75] Se os custos de liquidação não estiverem, como é aliás a norma, contemplados no Capital Investido, a decisão de liquidação passaria naturalmente pela observação de uma diferença entre VP e VR que excedesse os custos esperados de liquidação.

[76] Note-se que, nesta lógica, uma operação de *sale and lease back* de um ativo imobiliário será vantajosa se o incremento líquido de custos operacionais por força do aluguer subsequente do espaço for inferior ao anterior custo de oportunidade do capital, aplicado ao valor do ativo cuja propriedade pertencia previamente à empresa (valorizado a valores de mercado).

Investidos na empresa poderiam ser melhor empregados em usos alternativos fora desta, o que merece certamente toda a atenção por parte de gestores e acionistas.

A discussão anterior também mostra que um maior valor de liquidação dos ativos usados na empresa não se traduz num efetivo aumento da riqueza dos acionistas, exceto quando o valor de rendimento seja inferior ao valor patrimonial.

Deveremos reavaliar ativos periféricos (não afetos à exploração) e deverá essa reavaliação impactar nos resultados da empresa?

Relembrando mais uma vez que o nosso propósito aqui é estritamente medir, da forma mais correta possível, a criação de valor ocorrida num certo período, e não pretender que se alterem as normas contabilísticas instituídas com outros objetivos, pensemos então agora numa empresa que possua no seu balanço uma participação financeira não estratégica. Tal seria, por exemplo, um conjunto de ações de uma empresa cotada. Numa avaliação assente em *Free Cash Flows*, o valor desse ativo seria adicionado ao Valor atualizado dos *Free Cash Flows* futuros por forma a determinar o Valor Total da Empresa (Enterprise Value[77]), uma vez que não produz *Free Cash Flows* (não é um ativo de exploração[78]). Nessas condições, o que sucede se o valor de mercado desse ativo periférico aumentar? A resposta intuitiva é que o Valor de Rendimento (e Patrimonial) aumentaria e, consequentemente, também o valor da riqueza dos acionistas. E deveria esse aumento estar refletido no Economic Profit? No nosso entender sim, a título de um rendimento financeiro a adicionar aos resultados operacionais após impostos EBIT(1-T). Mas note-se que a adoção desse ajustamento iria, de um modo geral, contra, mais uma vez, um dos princípios contabilísticos mais estabelecidos, o da prudência. Esse princípio preconizaria que apenas em caso de uma transação efetiva, ou operação equiparável, deveriam tais ganhos potenciais ser registados como resultados. Naturalmente que, sendo os valores de mercado de muitos ativos bastante oscilantes na prática (como é o caso do preço de ações cotadas em bolsa), a implicação

[77] Ver Farinha (1993), para uma discussão mais pormenorizada deste ajustamento no cálculo do valor de uma empresa.

[78] Se porventura algum do rendimento desse ativo periférico tiver sido incluído nos *Free Cash Flows* da empresa, então o valor do ativo não pode ser adicionado ao valor atual dos FCFs, sob pena de incorrermos numa duplicação de cálculos.

real desse procedimento seria aumentar a volatilidade dos resultados de uma empresa, mas isso mais não seria do que retratar a real volatilidade das alterações efetivas no valor acionista observadas em cada período. E note-se que se não se proceder desse modo, então o cálculo do Economic Profit estaria enviesado no tocante aos ativos periféricos, pois que estaria contemplado o custo de oportunidade do capital empregue (esse ativo faz parte do Capital Investido) mas não o seu eventual rendimento periódico (a valorização que pode ter no mercado).

Deveremos ter como objetivo reavaliar, ou corrigir por imparidades, os ativos líquidos (Capital Investido) de uma empresa com base no seu valor de rendimento?

Pegando agora numa discussão já aflorada em parte no Capítulo 3, repare-se que da fórmula do valor da empresa que foi desenvolvida anteriormente, isto é,

$$V_o = C_0 + \sum_{t=1}^{+\infty} \frac{EP_t}{(1+k)^t} \qquad (24)$$

... resulta que, se fizermos com que o CI_0 seja avaliado de acordo com a sua capacidade de geração de rendimento, i.e., V_0, então naturalmente sucederia que

$$V_0 = V_0 + \sum_{t=1}^{+\infty} \frac{EP_t}{(1+k)^t}$$

A implicação seria naturalmente que

$$\Rightarrow V_0 - V_0 = \sum_{t=1}^{+\infty} \frac{EP_t}{(1+k)^t}$$

$$\Rightarrow \sum_{t=1}^{+\infty} \frac{EP_t}{(1+k)^t} = 0$$

Por outras palavras, uma reavaliação dessa natureza implicaria no final a inutilidade na prática da utilização do Economic Profits como medida de desempenho da empresa em termos de criação de valor. De facto, os valores dos EPs tenderiam a ser iguais a zero!

Gostaríamos de ir ainda mais além neste aspeto. A realização de testes de imparidade aos ativos de uma empresa, procedimento muito popular nos dias de hoje, é habitualmente vista como suscetível de aportar uma imagem mais justa e apropriada do valor desses ativos em termos de um pressuposto de continuidade de exploração.

A questão é que efeito trará esse procedimento em termos de Economic Profit. Assumindo que não existirão efeitos fiscais associados a imparidades (o que por vezes não é verdade), da equação (24) se poderá retirar que esse procedimento levará a um impacto negativo no EP do ano em que uma redução de valor por imparidade tenha sido efetuada. Tal será seguido de uma melhoria nos EP subsequentes devido à redução do Capital Investido ocasionada por essa operação contabilística. Não havendo efeitos nos *Free Cash Flows*, o valor calculado em (24) manter-se-ia na verdade absolutamente constante (apenas agora com uma diferente repartição entre CI e valor atual de EPs). Numa lógica da apreciação da efetiva criação de valor numa empresa, é justo referir que esse procedimento não seria muito bem-vindo, exceto se se tratasse de um ativo periférico. De facto, entre outros aspetos, haveria o risco de um gestor aproveitar essa situação para realizar o chamado *earnings bath*[79], degradando os resultados hoje com o propósito de conseguir facilmente uma melhoria de desempenho nos resultados de amanhã e, ademais, com o benefício de reforço de imagem por parecer ser muito «rigoroso» e «conservador». Se essa degradação de resultados for considerada não recorrente e retirada da apreciação das suas métricas de desempenho, ou se fosse atribuível à gestão anterior, então ele teria verdadeiramente o melhor dos dois mundos.

Na verdade, se uma empresa é viável (no sentido de que o seu valor de rendimento se situa confortavelmente acima do seu valor patrimonial), poderemos em boa medida afirmar que testes de imparidade aos seus ativos são na verdade irrelevantes. Apenas poderão ser úteis nos casos em que o valor patrimonial seja de facto superior ao valor de rendimento. Mas nesse caso atente-se à circunstância de que a degradação de desempenho seria nesse caso já bem visível através da análise dos Economic Profits mas que essa visibilidade ficaria camuflada (com EPs a aproximarem-se de zero) caso os ativos fossem

[79] Essa possibilidade tem sido empiricamente detetada em diversos estudos científicos sobre o tema da manipulação de resultados. Ver, por exemplo, Wells (2002) ou Jordan e Clark (2004).

sujeitos a reduções de valor por imparidade. Nessa situação, e mais uma vez, tornar-se-ia difícil, ou mesmo impossível, descortinar o verdadeiro desempenho da empresa em termos de criação de valor.

e) Tratamento a dar ao Goodwill

O chamado Goodwill é relevado contabilisticamente quando numa operação de aquisição de uma empresa por outra o valor da transação excede o valor contabilístico (eventualmente corrigido) dos capitais próprios da empresa adquirida. Essa diferença tem sido objeto de um tratamento contabilístico que tem variado no tempo:

- No antigo POC-Plano Oficial de Contabilidade, o valor do «Goodwill» era amortizado em 5 anos, mas o prazo poderia ser estendido até 20 anos, mediante um mero parecer do Conselho de Administração da sociedade adquirente[80];
- Uma exceção à regra anterior (que era aplicável alguns largos anos atrás no sector bancário em Portugal por se entender ser mais conservadora essa solução para proteger os interesses de depositantes) era proceder ao «abate» direto do Goodwill nos capitais próprios;
- Nas atuais regras de IAS/IFRS[81], o Goodwill é registado no ativo sem ser por norma amortizado, mas estando sujeito a testes anuais de imparidade que poderão levar a ajustamentos (para baixo apenas) no seu valor.

Neste contexto, poderemos questionar-nos sobre qual será o melhor procedimento em relação ao tratamento do Goodwill se quisermos medir da

[80] Embora essa possibilidade não exista atualmente em termos de IAS/IFRS, nos Estados Unidos existe desde 2014 a possibilidade de empresas de menor dimensão, para as quais os custos de testes de imparidades possam ser mais proibitivos, amortizarem o Goodwill de forma periódica como alternativa a esses testes, nos termos do FASB Accounting Standards Update No. 2014–02, Intangibles-Goodwill and Other (Topic 350). Essa possibilidade tem sido, aliás, alvo de discussões também ao nível europeu, concretamente pelo EFRG – European Financial Reporting Advisory Group, pelo que não será descabido falar aqui dessa alternativa contabilística.

[81] Concretamente, as normas IFRS 3 e IAS 36.

forma mais correta possível o Economic Profit e a criação de valor ocorrida num certo período. A Ilustração 6.6 seguinte procurará esclarecer estes aspetos.

Ilustração 6.6 – Tratamento do Goodwill para efeitos da determinação do Economic Profit

Consideremos uma empresa A que pretende adquirir uma empresa B pagando, usando as suas disponibilidades de caixa atuais, um montante de 50 milhões de euros pela totalidade das suas ações. O custo do capital das duas empresas é de 10%, os Resultados Operacionais (perpétuos) das empresas A e B são, respetivamente, 40 e 21 milhões de euros e não existem impostos sobre lucros. Para além disso, vamos assumir que as disponibilidades de caixa não são remuneradas. Adicionalmente, a Tabela 6.22 apresenta os balanços iniciais das duas empresas (nota: FM corresponde a Fundo de Maneio = Existências + Créditos sobre Clientes – Dívidas a Fornecedores).

Tabela 6.22 – Balanços iniciais (Capital Investido) das empresas A e B (milhões de euros)

Balanço A

Disponibilidades	50	Dívida	300
Ativos Não Corr. e FM	350	Sit. Líquida	100
Cap. Investido (CI)	400	Dívida+SL (CI)	400

Balanço B

Disponibilidades	10	Dívida	240
Ativos Não Corr. e FM	250	Sit. Líquida	20
Cap. Investido (CI)	260	Dívida+SL (CI)	260

Em termos do balanço consolidado de A após a aquisição, foram consideradas para já duas hipóteses alternativas: (i) o Goodwill é abatido diretamente aos capitais próprios da empresa A ou (ii) o Goodwill é registado como um ativo nas contas da empresa A (sujeito depois a testes de imparidade ou, eventualmente, a amortizações periódicas).

Tabela 6.23 – Balanços consolidados (Capital Investido) da empresa A com abate aos capitais próprios ou capitalização do Goodwill (milhões de euros)

Balanço A após aquisição

Disponibilidades	0	Dívida	300
Imob. Fin.	50	Sit. Líquida	100
Ativos Não Corr. e FM	350		
Cap. Investido (CI)	400	Dívida+SL (CI)	400

Balanço B após aquisição

Disponibilidades	10	Dívida	240
Ativos Não Corr. e FM	250	Sit. Líquida	20
Cap. Investido (CI)	260	Dívida+SL (CI)	260

É de notar que, na primeira parte da Tabela 6.23, o Goodwill de 30 (diferença entre 50 e o valor de 20 da Situação Líquida de B) foi ajustado ao valor da Situação Líquida inicial de A. Os demais valores do balanço resultam da soma simples dos valores dos Ativos Não Correntes e Fundo de Maneio e do desaparecimento das disponibilidades de 50 inicialmente existentes em A (substituídas pela entrada do valor dos ativos e passivos da empresa B).

Calculemos primeiro os valores iniciais dos Economic Profits das duas empresas (antes da aquisição):

Empresa A: Sendo EBIT = 40, CI = 300 + 100 = 400 e custo do capital k = 10%, teremos $EP_A = 40 - 10\% \times 400 = 0$

Empresa B: Sendo EBIT = 31, CI = 240 + 20 = 260 e custo do capital k = 10%, teremos $EP_B = 31 - 10\% \times 260 = 5$

Empresa A+B (consolidado, com abate do Goodwill aos capitais próprios): Sendo EBIT = 40 + 31 = 71, CI = 540 + 70 = 610 e k = 10%, teremos $EP_{A+B} = 71 - 10\% \times 610 = 10$

Empresa A+B (consolidado, com capitalização do Goodwill no ativo): Sendo EBIT = 40 + 31 = 71, CI= 540 + 100 = 640 e k = 10%, teremos $EP_{A+B} = 71 - 10\% \times 640 = 7$

Consideremos ainda uma quarta possibilidade, caso o Goodwill fosse sujeito a uma amortização anual durante 5 anos (i.e., um valor anual de amortização de 30/5 = 6 por ano). Nesse caso teremos:

Empresa A+B (consolidado, com capitalização do Goodwill no ativo e amortização periódica): Sendo EBIT = 40 + 31 6 = 65, CI = 540 + 100 = 640 e k = 10%, teremos $EP_{A+B} = 65 - 10\% \times 640 = 1$

Os cálculos anteriores demonstram a diversidade de resultados para o Economic Profit consoante a opção contabilística assumida em relação ao tratamento do Goodwill, que varia entre um mínimo de 1.0 (quando o Goodwill é capitalizado e amortizado periodicamente) e um máximo de 10 (quando o Goodwill é abatido aos capitais próprios da empresa adquirente).

Atendendo a esta variedade de resultados, qual seria a solução correta do ponto de vista da mensuração do real valor criado nesta operação? Para responder a esta questão, temos forçosamente que pensar em quais são os fatores identificáveis neste caso concreto para a criação de valor.

Na verdade, existem aqui dois fatores de criação de valor:

— O primeiro consiste no facto de que a empresa A criou valor para os seus acionistas porque adquiriu uma empresa a um valor inferior ao seu valor real (i.e., realizou um projeto com um VAL positivo). Para provar isso, determinemos o valor da empresa B: ele pode ser calculado, como sabemos, por via da soma do seu Capital Investido com o valor atual (em perpetuidade) dos seus EPs. Ou seja, $V_B = 260 + 5/10\% = 310$, implicando que o valor intrínseco dos seus capitais próprios, S_B, será a diferença entre esse montante e o valor da sua Dívida, isto é, $S_B = 310 - 240 = 70$. Deste modo, os acionistas de A tiveram um aumento da sua riqueza de 20 (= 70 – 50) por terem pago pelo alvo um preço (50) inferior ao seu valor intrínseco (70). Em termos de EP, isso significa o mesmo que ter um EP adicional perpétuo de 2, dado que 2/10% = 20.

— O segundo fator de criação de valor associa-se ao desaparecimento de um ativo improdutivo que existia previamente em A, as disponibilidades de caixa (de valor 50) que foram usadas, precisamente, para a compra de B. Isso envolve uma redução do custo de oportunidade desses ativos (que depois da aquisição estarão a ser aplicados em ativos geradores de resultados). Assim, a remoção desse ativo improdutivo melhorou adicionalmente o EP num montante adicional igual a 10% × 50 = 5 todos os anos.

Assim sendo, e uma vez analisadas as fontes de criação de valor neste caso concreto, concluímos que estaríamos à espera de encontrar um EP de 7 (= 2 + 5) na empresa A consolidada após a aquisição. Ora, essa situação só é corretamente retratada quando optamos pela solução contabilística de tratar o Goodwill como um ativo (não sujeito a amortizações periódicas), situação que felizmente corresponde a parte da atual solução IAS/IFRS.

O exemplo anterior mostrou que o melhor tratamento contabilístico possível para o Goodwill no contexto do cálculo do Economic Profit e da inerente análise da criação de valor reside na sua capitalização sem amortização periódica, como preconizam as normas internacionais IAS/IFRS. Mas resta discutir o ponto adicional dessas, isto é, se o Goodwill deve posteriormente ser objeto de ajustamentos em decorrência de testes de imparidade. Retomamos a esse propósito a discussão já tida anteriormente sobre a questão das reavaliações.

Concretizemos no caso do Goodwill. Suponhamos que uma aquisição foi malsucedida e o preço pago pelo alvo verificou-se *a posteriori* ter sido excessivo. Se for esse o caso, teremos duas possibilidades: (a) ou realizamos um ajustamento por imparidade ao valor do Goodwill ou (b) deixamos o valor do Goodwill intacto. Entre essas duas soluções, a nossa opção passa claramente pela segunda, pelos seguintes motivos: Primeiro, na maior parte das vezes a aferição do valor intrínseco de uma empresa não é um exercício de grande objetividade, correndo-se o risco de se realizaram ajustamentos de imparidade desajustados do real valor do Goodwill e sujeitos a manipulações (como o já atrás referido *earnings bath*), seja do EP seja dos próprios resultados e indicadores contabilísticos de rentabilidade. E com que benefício? Alegadamente para que o valor dos ativos no balanço espelhe de forma mais apropriada o seu valor justo, nomeadamente para terceiros receberem a informação de que existiu um investimento que se desvalorizou. Mas será mesmo necessário realizar esse ajustamento? Note-se que, caso seja verdade que o valor do investimento na aquisição de outra empresa não correu da melhor forma e gerou um VAL negativo, então essa situação será necessariamente identificável através dos Economic Profits subsequentes. De facto, nesse caso seria matematicamente impossível que essa desvalorização não transparecesse, mais tarde ou mais cedo, sob a forma de EPs marginais negativos. Acresce que se, mais uma vez (e correndo o risco de nos repetirmos), ajustássemos continuamente o valor do Goodwill ao seu real valor pós-aquisição, então os Economic Profits associados a esse investimento seriam sempre teoricamente iguais a zero e levariam a que posteriormente se tornasse muito difícil identificar a real criação de valor resultante da atuação dos gestores através da métrica do EP. Por tudo isso, cremos sinceramente que a melhor solução neste caso será «não fazer nada».

6.4. EP consolidado *versus* EPs de subsidiárias num Grupo empresarial

Uma última questão que gostaríamos aqui de abordar é a relação entre o Economic Profit consolidado de um grupo empresarial e os EPs individuais das várias empresas que o constituem. Será, por exemplo, o primeiro igual à soma simples dos segundos? Ou existirão necessariamente diferenças? A ilustração seguinte procura esclarecer esta questão através de um exemplo numérico. Esta questão é pertinente, entre outros motivos, porque na determinação de sistemas de incentivo para as empresas subsidiárias poderemos questionar-nos se a referência de criação de valor a considerar nesse sistema deve ser associada ao EP do Grupo consolidado ou ao EP individual da empresa em apreço.

Ilustração 6.7 – Economic Profit consolidado *versus* Economic Profits individuais das empresas de um Grupo

Consideremos o seguinte exemplo: a Empresa H (*holding* de um Grupo) detém participações a 100% nas empresas A e B. Essas empresas foram adquiridas no passado pelo valor global de 1400 milhões de euros em transações que geraram um Goodwill de 400 milhões de euros. A empresa H recebe uma taxa de juro de 5% nas suas disponibilidades financeiras. O custo do capital para todas as empresas é de 8%.

Os balanços e demonstrações individuais e consolidados das várias empresas do Grupo são apresentados nas tabelas 6.24 e 6.25.

Tabela 6.24 – Balanços e demonstrações de resultados individuais e consolidados das empresas do Grupo H

Balanço Individual da Empresa H (*holding*)

Participação em Subsidiárias (custo histórico)	1400	Sit. Líq.	500
		Dívida	1000
Cash	100		
Total Capital Investido	**1500**	**SL+Dívida**	**1500**

Balanço Individual da Empresa H (*holding*)

Participação em Subsidiárias (ao valor justo contabilístico)	1000	Sit. Líq.	500
Goodwill	400	Dívida	1000
Cash	100		
Total Capital Investido	**1500**	**SL+Dívida**	**1500**

Demonstração de resultados individual de H

EBIT (1-T)	5
k	8%
EP	-115

Balanço Individual da Empresa A (100% detida por H)

Ativos Operacionais, líquidos	1750	Sit. Líq.	600
Cash	50	Dívida	1200
Total Capital Investido	**1800**	**SL+Dívida**	**1800**

Demonstração de resultados individual de A

EBIT (1-T)	170
k	8%
EP	26

Balanço Individual da Empresa B (100% detida por H)

Ativos Operacionais, líquidos	1100	Sit. Líq.	400
Cash	100	Dívida	800
Total Capital Investido	**1200**	**SL+Dívida**	**1200**

Demonstração de resultados individual de B

EBIT (1-T)	120
k	8%
EP	24

Soma dos EPs	-65

Balanço consolidado de H

Ativos Operacionais, líquidos	2850	Sit. Líq.	500
Goodwill	400	Dívida	3000
Cash	250		
Total Capital Investido	**3500**	**SL+Dívida**	**3500**

Demonstração de resultados consolidada de H

EBIT (1-T)	295
k	8%
EP	15

Interpretando a tabela acima, repare-se que nos primeiros mapas (balanços individuais de H) se encontra registado o valor de aquisição histórico das duas participadas num total de 1400 milhões, sendo que no segundo balanço individual se desagrega esse montante em duas parcelas: por um lado o valor justo contabilístico das situações líquidas de A e B (1000 milhões) e, por outro, o Goodwill associado a essas duas aquisições (400 milhões). Adicionalmente, podemos determinar o Economic Profit de H com base nas suas peças contabilísticas individuais. O valor encontrado é negativo, dado que nas contas individuais de H poucas receitas existem (apenas a receita financeira proporcionada pelas suas disponibilidades, isto é, 5% x 100 = 5, enquanto a empresa tem um elevado valor de capital investido (total de 1500). Deste modo, o EP individual de H ascende a –115 (= 5 – 8% × 1500). Procedendo de igual forma para as empresas A e B, obtém-se que os EPs destas sociedades, calculados com base nas suas contas individuais, será de 26 e 24 milhões de euros, respetivamente para A para B.

Se quiséssemos fazer uma conta simples de soma dos EPs individuais das três empresas, obteríamos o valor de –65 milhões de euros. No entanto, essa soma simples não espelha o real valor criado em termos consolidados neste Grupo empresarial. Para ver porquê, teremos primeiro que olhar para o Balanço consolidado de H, apresentado na parte inferior esquerda da Tabela 6.24, e para a demonstração de resultados consolidada do Grupo (observável no canto inferior direito da mesma tabela). Assim, o EP consolidado atinge um valor positivo de 15 (= 295 – 8% × 3500). Como se relaciona esta valor com os EPs das várias subsidiárias? Essa relação pode ser estabelecida de diferentes modos. Uma primeira forma consiste na repartição apresentada na Tabela 6.25 usando uma forma «residual» de apuramento do EP associado às atividades da empresa Holding:

Tabela 6.25 – Desagregação do Economic Profit consolidado (milhões de euros)

EP atividades da *holding*	-35	(residual)
EP empresa A	26	
EP empresa B	24	
Total	**15**	

A segunda forma de desagregação do EP consolidado é apresentada na Tabela 6.26 e procura justificar a formação do EP consolidado olhando para os fatores de criação de valor.

Tabela 6.26 – Justificação da formação do Economic Profit consolidado (milhões de euros)

Justificação do EP consolidado de H:

Valor intrínseco de A		925	
Valor intrínseco de A		700	1625
Preço pago por A+B			1400
	Ganho		225
	EP correspondente		18.00
EP relativo ao Cash			-3
	total		**15**

Justificação do EP consolidado de H (apresentação alternativa):

EP do Goodwill		-32
EP de Cash		-3
EP de Participações ao Valor Justo Contab.		50
	total	**15**

Assim, a existência de um EP consolidado de 15 pode ser interpretada como resultando do facto de que a empresa H adquiriu duas empresas por um valor de 1400 milhões mas que na verdade valem 1625 milhões (empresa A: $S_A = 600 + 26/8\% = 925$; empresa B: $S_B = 400 + 24/8\% = 700$). Isso gerou um ganho absoluto de 225 milhões (a diferença entre 1625 e 1400 milhões), o que corresponde em perpetuidade a um EP anual de 18 (notar que 225 = 18 / 8%). Mas a empresa Holding também possui disponibilidades de 100 que geram um EP negativo de -3 = (5% – 8%) × 100. Assim, poderemos dizer que os acionistas de H estão a beneficiar das atividades de gestão de participações de H, pois que o EP gerado anual é positivo no valor de 15 milhões.

Numa segunda perspetiva, podemos entender que o valor de 15 milhões de EP gerado no Grupo consolidado resulta da combinação de um EP diretamente negativo no que diz respeito ao Goodwill inscrito nas contas de H (na verdade, trata-se meramente de um custo de oportunidade) que ascende a –32 milhões, de um outro EP negativo de –3 milhões associado às disponibilidades de H, mas de um EP positivo que totaliza 50 milhões no que diz respeito às participações em A e B quando expressas em termos do seu valor contabilístico nos balanços individuais dessas empresas. O saldo dos EPs de todos esses investimentos é deste modo positivo num total de 15 (= –32 – 3 + 50). Note-se que, pela sua natureza, as atividades estritas de uma *holding* conduzem a EPs negativos (ou custos de oportunidade) mas estes têm de ser contrabalançados pelos EPs diretamente observados nas empresas subsidiária com base nos seus balanços individuais[82].

[82] Em toda esta análise estamos a pressupor que não existem transações comerciais entre estas empresas, as quais teriam de ser anuladas no contexto da consolidação de contas.

Assim, e respondendo a uma das preocupações expressas no início desta secção, podemos afirmar ser legítimo que, num sistema de incentivos para os gestores de empresas subsidiárias, a referência de uma métrica de valor EP seja associada aos valores contidos nas suas contas individuais. Nesse caso, a definição de objetivos futuros de EP deve ter em atenção certamente as expectativas (assumindo que fossem realistas) que tenham ocorrido no momento da aquisição. Se assim for, também os acionistas da empresa H sentirão que poderão estar estabelecidas condições para a criação de valor subsequentemente à aquisição realizada. Finalmente, será adequado que um sistema de incentivos para o gestor de uma subsidiária apenas considere como relevantes os Capitais Investidos diretamente presentes nessa subsidiária. De facto, poderá argumentar-se que o gestor em causa não deve ser responsabilizado por decisões que estão fora das sua esfera de influência, como é o caso do Goodwill que tenha sido pago, eventualmente de forma excessiva, pela empresa-mãe.

Sumário

- O cálculo dos valores históricos do Economic Profit de uma empresa pode ser operacionalizado de forma relativamente simples com base na informação contabilística disponível nos seus relatórios e contas.
- A distinção entre passivos operacionais e financeiros deve ter em atenção a sua natureza e a ocorrência ou não de custos de financiamento que venham a ser incluídos no custo médio ponderado do capital (WACC).
- Por regra, os resultados operacionais após impostos de uma empresa devem ser ajustados por todas as rubricas de receitas financeiras e por custos financeiros que não estejam diretamente associados à remuneração da Dívida financeira incluída no Capital Investido e considerada na determinação do WACC.
- Existem modelos para a determinação do custo do capital próprio assentes na soma de uma taxa isenta de risco com um prémio de risco. Esses modelos contemplam a inclusão de um prémio de risco associado ao investimento em ações e, eventualmente, a fatores de risco adicionais relacionados com a dimensão e outras características específicas dessa empresa.

- O nível de endividamento relativo de uma empresa tem um impacto positivo na taxa de rentabilidade exigível por parte de um acionista.
- O Economic Profit pode ser desagregado em cascata através da técnica de Análise Dupont em *value drivers*. Essa desagregação permite um melhor estudo dos fatores que contribuíram para um certo desempenho de criação de valor num determinado período.
- Existem diversos ajustamentos contabilísticos possíveis que poderão contribuir para que o valor do Economic Profit periódico se aproxime o mais possível do real valor criado num certo horizonte temporal. Os principais ajustamentos contabilísticos relacionam-se com (i) a eliminação de enviesamentos associados a princípios de prudência e conservadorismo, (ii) a capitalização no ativo de certos custos, (iii) a correção de uma eventual assincronia entre o período de amortização fiscal e o da vida útil de certos ativos não correntes, (iv) a existência de reavaliações e imparidades e (v) o tratamento do Goodwill.
- O Economic Profit consolidado de um Grupo empresarial não é, em geral, equivalente à soma simples dos Economic Profits das empresas individuais que o compõem.
- A desagregação do Economic Profit consolidado de um Grupo é útil para uma melhor compreensão da rentabilidade dos investimentos realizados na aquisição de subsidiárias e para uma mais adequada compreensão em geral do desempenho aquisitivo de uma empresa *holding*.

Questões

1. Se o Ativo Total de uma empresa é 100, o passivo de funcionamento (fornecedores) ascende a 25.0, os resultados operacionais são 10, a taxa de imposto sobre lucros é de 30%, o custo do capital próprio é 12%, e 40% do Capital Investido (dívida remunerada e capital próprio) corresponde a dívida com uma taxa de juro (antes de economias fiscais) de 5%, então o Economic Profit da empresa será
   a) maior que 2
   b) entre 0.5 e 2 (inclusive)
   c) positivo mas inferior a 0.5
   d) nulo ou negativo

2. O cálculo do Economic Profit (EP) de uma empresa considera, no que diz respeito à fiscalidade,
   a) apenas os impostos incidentes sobre os Resultados Operacionais de uma empresa
   b) os impostos incidentes sobre os resultados operacionais de uma empresa, mas também as economias fiscais associadas aos juros da dívida
   c) apenas as economias fiscais associadas aos juros da dívida
   d) nenhuns impostos, pois o EP é calculado antes da fiscalidade incidente sobre os lucros da empresa
3. Se todo o Capital Empregue (ou Capital Investido) de uma empresa fosse reavaliado para refletir o seu valor justo de rendimento, o resultado prático seria que o Economic Profit da empresa seria nesse caso
   a) negativo
   b) positivo
   c) indeterminado
   d) nulo
4. Se uma empresa apresenta um Resultado Líquido depois de impostos de 50, os juros são 12, a taxa de imposto sobre lucros é 20%, os Ativos Totais são 1000, os capitais próprios são 200, os Passivos exceto Dívida são 500, e os acionistas exigem uma taxa de retorno de 10%, então, o seu Economic Profit será
   a) 30
   b) 20
   c) 10
   d) outro valor
5. Para o cálculo do EP, a solução recomendada neste capítulo para o tratamento do Goodwill corresponde a
   a) abater o Goodwill aos capitais próprios
   b) amortizar regularmente o Goodwill
   c) não amortizar o Goodwill nem efetuar imparidades
   d) reavaliar o Goodwill de acordo com as alterações do Valor da empresa em questão
6. Se, numa empresa pagadora de impostos sobre lucros, for decidido amortizar mais rapidamente um determinado ativo com a correspondente capacidade de acelerar as poupanças fiscais associadas às amortizações

(assumindo que essa aceleração seja aceite pelas Autoridades Fiscais), então o que deverá acontecer ao Valor Atual dos Economic Profits (EPs) futuros?

a) aumentará
b) diminuirá
c) nada
d) com essa informação, não sabemos o que sucederá ao Valor Atual dos EPs futuros

7. No cálculo do Economic Profit, o valor dos encargos financeiros pagos para a construção de um novo pavilhão industrial que ainda não entrou em funcionamento devem ser
   a) tratados como um custo operacional
   b) tratados como parte do Capital Investido
   c) ignorados
   d) incluídos no custo do capital
8. O efeito de uma reavaliação (para um valor superior) do Imobilizado com impacto nas amortizações fiscalmente dedutíveis será
   a) um aumento do Valor da Empresa calculado via EP
   b) nenhum impacto no Valor da Empresa calculado via EP
   c) um aumento dos EPs futuros da empresa
   d) uma redução do Valor da Empresa calculado via EP
9. Se todos os ativos de uma empresa fossem contabilizados de acordo com os seus valores de mercado (entendendo isso como o valor atual da sua capacidade de gerar *Free Cash Flows*), então, em teoria, o seu Economic Profit (EP) deveria ser
   a) positivo
   b) negativo
   c) zero
   d) não sabemos, com base nessa informação, como seria o EP
10. Para efeito de apuramento do Economic Profit, foi sugerido neste capítulo que se uma empresa efetua pagamentos de indemnizações por despedimentos de colaboradores, esses valores deveriam ser tratados como
   a) investimento não amortizável ao longo do tempo
   b) investimento amortizável ao longo do tempo
   c) custo do exercício operacional
   d) custo do exercício excecional (a ignorar no cálculo do Economic Profit)

11. Um princípio base para o cálculo correto do Economic Profit é
    a) evitar considerar como custos exclusivos de um período operações que tenham repercussões positivas nos resultados de outros períodos
    b) não ignorar transações apenas por estas serem excecionais ou extraordinárias
    c) procurar amortizar ativos durante o mesmo período de geração de receitas e não necessariamente de acordo com o período de amortização fiscal
    d) todos os anteriores são princípios base para um cálculo correto do Economic Profit
12. Num mesmo grupo empresarial com diversas áreas de negócio e riscos operacionais distintos, é recomendável que o EP de cada área de negócios seja calculado de acordo com
    a) um custo do capital idêntico para todas as áreas
    b) um custo do capital diferente para as várias áreas apenas em função do nível de endividamento de cada área
    c) um custo do capital que seja diferente para cada área em função quer do risco operacional, quer do nível de endividamento de cada área
    d) um custo do capital que não considere os efeitos do nível de endividamento quer do grupo quer de cada área
13. Uma empresa tem um Resultado Operacional antes de Impostos de 10, receitas financeiras de 2, custos financeiros de endividamento de 5, e outros custos financeiros não relacionados com endividamento (ex. custos com garantias) de 3. Não existindo impostos sobre lucros, então nessas condições, o EP, na fórmula RO-k x CI (em que RO = Resultados operacionais *ajustados*, k = custo do Capital e CI = Capital Investido) deverá ser calculado com base num RO de
    a) 10
    b) 12
    c) 9
    d) outro valor
14. Se todas as subsidiárias de uma empresa *holding* tiverem individualmente (de acordo com o seu balanço individual) Economic Profits (EPs) positivos, então em princípio e condições normais (abstraindo de pequenas

prestações de serviços pela *holding*, custos de funcionamento da *holding* ou aplicações financeiras de curto prazo),

a) a empresa *holding* terá em termos consolidados também um Economic Profit (EP) positivo, mas que não será igual às soma dos EPs das subsidiárias
b) a empresa *holding* terá em termos consolidados também um Economic Profit (EP) positivo e que será igual à soma dos EPs das subsidiárias
c) o valor do EP consolidado poderá ser positivo ou negativo consoante o nível de Goodwill registado na *holding*
d) O valor do EP consolidado será sempre superior à soma dos EPs das subsidiárias

15. Foi argumentado neste capítulo que devem ser feitas reavaliações dos ativos utilizados pela empresa em que condições?
a) de forma a que estes reflitam a todo o tempo o valor que possuem em termos da sua capacidade de geração de rendimento na empresa
b) nunca
c) apenas quando se detete uma redução do valor dos mesmos após a sua aquisição
d) Nenhum dos anteriores

16. Uma empresa tem um Ativo Não Corrente líquido de amortizações de 100, existências de 20, débitos a fornecedores de 30, créditos de clientes de 40, *cash* e aplicações financeiras de 10. Possui ainda um Resultado Operacional antes de Impostos de 12 e receitas de aplicações financeiras de 3, estando sujeita a uma taxa de imposto sobre lucros de 25%. Sendo o custo médio ponderado do capital de 10%, então nesse caso o seu Economic Profit será de
a) –3,5
b) –5,0
c) –3,0
d) outro valor

17. Se uma empresa fizer uma reavaliação do seu Imobilizado afeto à exploração (aumentando o seu valor por contrapartida de aumento das reservas de reavaliação na Situação Líquida) sem quaisquer efeitos fiscais, o efeito disso será
a) um aumento do Economic Profit no momento da reavaliação

b) um aumento inequívoco e incondicional do Valor Total da Empresa (calculado na ótica do seu valor de Rendimento)
c) uma redução inequívoca e incondicional do Valor Total da Empresa (calculado na ótica do seu valor de Rendimento)
d) uma redução do Economic Profit após a reavaliação, mas sem qualquer efeito no Valor Total da Empresa (calculado na ótica do seu valor de Rendimento)

18. Para efeito do cálculo do Economic Profit (EP), o custo de uma garantia bancária necessária para o desenvolvimento de uma atividade da empresa deve ser
    a) incluído no WACC
    b) ignorado no EP
    c) considerado no Resultado Operacional após Impostos
    d) considerado como parte do Capital Investido
19. Foi argumentado neste capítulo que se uma empresa despedir colaboradores, o tratamento dos custos de indemnização para efeitos da determinação do EP deverá ser
    a) a sua consideração como custo do exercício
    b) a sua capitalização como um ativo não amortizável
    c) a sua capitalização como um ativo amortizável
    d) o seu abate direto aos capitais próprios da empresa
20. Se uma empresa possui um ativo não operacional (alienável) que não gera diretamente rendimento, mas que aumentou o seu valor de mercado num certo período,
    a) esse aumento de valor deve assumir a forma de uma reavaliação do capital investido da empresa, com uma consequente redução do EP em anos futuros
    b) esse aumento de valor deve assumir no ano em causa a forma de um rendimento a acrescer ao EBIT (Resultado Operacional Antes de Impostos) da empresa, aumentando deste modo o EP desse ano
    c) esse aumento de valor deve ser ignorado no cálculo do EP global da empresa nesse ano
    d) nenhum dos anteriores
21. À luz do conceito de Economic Profit (EP), aumentar os Resultados Operacionais após impostos de uma empresa por virtude uma compra de outra empresa conduzirá

a) a uma melhoria do EP
b) a uma degradação do EP
c) a uma melhoria do EP se o Capital Investido se mantiver ou reduzir
d) não sabemos com essa informação se o EP aumentará ou não

22. Para efeito de determinação do Economic Profit (EP), as receitas financeiras derivadas de aplicações financeiras excedentárias deverão ser tratadas como?
    a) como uma componente do WACC (custo médio ponderado do capital próprio e alheio) que irá reduzir o custo do capital alheio
    b) algo que deverá ser ignorado no apuramento do EP
    c) como uma componente que deverá ser adicionada ao EBIT (Resultado Operacional antes de Impostos)
    d) já estão incluídas no EBIT (Resultado Operacional antes de Impostos), pelo que não é necessário mais nenhum tratamento
23. Na fórmula de Valor da empresa baseado em Capital Investido e valor atual dos Economic Profits futuros, qual o efeito do registo de custos com imparidades (sem efeitos fiscais) relativos ao Goodwill existente nessa empresa?
    a) um aumento do Capital Investido e redução do valor atual dos Economic Profits futuros, sem efeito no valor total da empresa
    b) um aumento do Capital Investido e redução do valor atual dos Economic Profits futuros, com efeito no aumento do valor total da empresa
    c) uma redução do Capital Investido e aumento do valor atual dos Economic Profits futuros, sem efeito no valor total da empresa
    d) uma redução do Capital Investido e aumento do valor atual dos Economic Profits futuros, com efeito numa redução do valor total da empresa
24. Alterações nas regras de amortização contabilística de Ativos Não Correntes (sem efeitos fiscais) têm como efeito
    a) manter o valor atual dos Economic Profits (EPs) futuros e alterar o valor dos EPs individuais de cada período
    b) alterar o valor atual dos Economic Profits (EPs) futuros e dos EPs individuais de cada período
    c) manter o valor atual dos EPs futuros, assim como dos EPs de cada período
    d) não é possível antecipar o efeito de alterações contabilísticas no valor atual dos EPs futuros

Soluções

1. b) Nota: Capital Investido = 100 – 25 = 75; WACC = 40% × 5% (1 – 30%) + (1 – 60%) × 12 % = 8.6%; EP = 10 × (1 – 30%) – 8.6% × 75 = 0.55
2. b) Nota: os impostos operacionais são deduzidos ao lucro operacional e as economias fiscais da dívida são consideradas no WACC
3. d)
4. a) Nota: Dívida = 1000 – 500 – 200 = 300; Capital Investido = 1000 – 500 = 500; WACC = 12/300 × (1 – 20%) × 300/500 + 10% × 200/500 = 5.92%; EBT = 50/(1 – 20%) = 62.5; EBIT = 62.5 + 12 = 74.5; EP = 74.5 × (1 – 20%) – 5.92% × 500 = 30; ou, mais simples, EP = 50 – 10% × 300 = 30
5. c)
6. a)
7. d)
8. a)
9. c)
10. b)
11. d)
12. c)
13. c)
14. c)
15. d)
16. d) Nota: (12 + 9) × (1 – 25%) – 10% × (100 + 20 + 40 – 30 + 10) = – 2.75
17. d)
18. c)
19. c)
20. b)
21. d) Nota: depende do comportamento também do WACC, para além do dos Resultados Operacionais após Impostos e do Capital Investido
22. c)
23. c)
24. a)

7

Criação de Valor e Sistemas de Incentivo

7.1. Introdução

Conforme foi referido no Capítulo 1, um sistema de Gestão Baseada no Valor (Value Based Management) necessita, para além de uma métrica apropriada para a mensuração da criação de valor e de um processo de tomada de decisões consistente com a noção de Valor, de um sistema de incentivos que garanta a existência de um círculo virtuoso entre estes três elementos.

A necessidade de implementação de sistemas de incentivo tem sido amplamente discutida na literatura científica. Por exemplo, segundo Clark e Wilson (1961), as organizações distribuem incentivos aos indivíduos com vista a induzi-los a contribuir com atividades. Não que esses incentivos tenham forçosamente de ser sempre materiais, pois que, segundo os mesmos autores, nas organizações podem distinguir-se as que recorrem a incentivos materiais, mas também as que utilizam incentivos de «solidariedade» ou de «comunhão de objetivos». Seja como for, Clark e Wilson admitem que «*muito do que se observa nas atividades internas e externas de uma organização pode ser explicado pela compreensão dos seus sistemas de incentivo*» (p. 130).

Não querendo aqui necessariamente concluir que apenas serão relevantes, ou mais eficientes, os sistemas de incentivo materiais para uma organização, não iremos neste Capítulo debruçar-nos sobre os incentivos assentes em propósitos não materiais, que serão certamente mais bem discutidos noutras esferas. Deste modo, iremos aqui focar a nossa atenção em sistemas de remuneração variáveis, assentes na prossecução de objetivos quantificados sob a forma de «KPIs- Key Performance Indicators», que, por sua vez, podem assumir uma natureza eminentemente financeira (por ex. Economic Profits ou *value drivers*).

A base para a necessidade de alinhamento de interesses entre acionistas e gestores prende-se com uma extensa literatura científica assente sobre a denominada Teoria da Agência (Berle e Means, 1932; Coase, 1937; Jensen e Meckling, 1976). Esta teoria[83] desenvolve a ideia de que a existência de uma separação entre os direitos de decisão e os direitos de propriedade (essencialmente, no que nos interessa, a separação entre a gestão e a propriedade) é suscetível de criar diversos e relevantes conflitos de interesse entre acionistas e gestores. Esses conflitos resultam, entre outros aspetos, de problemas associados (i) a diferenças nos horizontes temporais, (ii) diferentes preferências pelo risco, (iii) incentivo do gestor para exercer um esforço abaixo do desejável, (iv) motivação para realização de investimentos por parte do gestor que poderão aumentar o seu bem-estar, mas ir contra os interesses de acionistas e (v) conflitos relativamente a remunerações, entre outros.

De um modo geral, existe algum relativo consenso científico quanto à existência e relevância destes conflitos de interesse, com ampla evidência empírica que tem mostrado que muitas decisões de gestão, desde fusões e aquisições, estrutura de capitais, investimentos, políticas de dividendos, adoção de critérios contabilísticos, etc., são na prática influenciadas pela existência de conflitos de agência.[84]

Dada a importância destes conflitos, e na ausência de uma capacidade de contratualizar e prever todas as situações possíveis em que um gestor terá de tomar decisões, adicionado à dificuldade prática de os acionistas poderem monitorizar todas as ações gestivas, a delegação de poderes tem de ser acompanhada pela presença de mecanismos de controlo e monitorização. O conjunto destes mecanismos constitui a estrutura de governo de uma organização (*corporate governance*) e há um relativo consenso de que os sistemas de incentivo são uma importante componente para ajudar a alinhar os interesses de gestores com os superiores interesses a longo prazo de uma organização e dos seus acionistas.[85] No entanto, nem todos os sistemas de incentivo terão

[83] Para uma *survey* recente sobre a Teoria da Agência, ver Mitnick (2015).

[84] Ver, por exemplo, Eisenhardt (1989).

[85] Ver, por exemplo, Shleifer and Vishny (1997).

as características mais adequadas, sofrendo frequentemente de enviesamentos que poderão levar a consequências por vezes desastrosas sobre a criação de valor e a sustentabilidade a longo prazo de organizações (ver, por exemplo, Bhagat e Bolton, 2014, sobre a importância dos enviesamentos dos sistemas de incentivos no sector bancário como fator catalisador da crise financeira de 2007–08).

A secção seguinte aborda alguns dos enviesamentos mais frequentes nos sistemas de incentivo observados na prática.

7.2. Principais problemas dos sistemas de incentivo mais comuns

Murphy e Jensen (2011) comentam de forma particularmente cáustica alguns dos motivos pelos quais os sistemas de incentivos para os CEOs (Chief Executive Officers)[86] de grandes empresas são tipicamente enviesados:

> *«Quase todos os planos de remuneração variável de CEOS têm sérias falhas de conceção que limitam dramaticamente os seus benefícios. Esses planos de remuneração mal concebidos destroem valor pelo facto de criarem incentivos para manipular resultados, enganar o Conselho de Administração em relação às capacidades organizativas, assumir riscos excessivos (ou insuficientes), não implementar projetos rentáveis e ignorar o custo do capital»*[87] (Murphy e Jensen, 2001, p. 1).

Relacionado com esta observação, Jensen (2003) sugere, a propósito de sistemas de remuneração, que se torna necessário mudar a forma como as pessoas são pagas numa organização. Em particular, uma preocupação essencial deste autor centra-se na necessidade de eliminação de «descontinuidades

[86] Em Portugal, e numa sociedade anónima, um CEO poderia ser designado de «Presidente da Comissão Executiva», ou, eventualmente, o «Presidente de Conselho de Administração» nos casos em que essa posição seja ocupada por um membro executivo desse Conselho.

[87] No original: «*Almost all CEO and executive bonus plans have serious design flaws that limit their benefits dramatically. Such poorly designed executive bonus plans destroy value by providing incentives to manipulate the timing of earnings, mislead the board about organizational capabilities, take on excessive (or insufficient) risk, forgo profitable projects, and ignore the cost of capital*».

e não-linearidades» no perfil de recompensas por desempenho para os gestores. Esses problemas podem ser mais bem compreendidos através da análise da Figura 7.1 seguinte.

Figura 7.1 – Sistema de Incentivos com não-linearidades

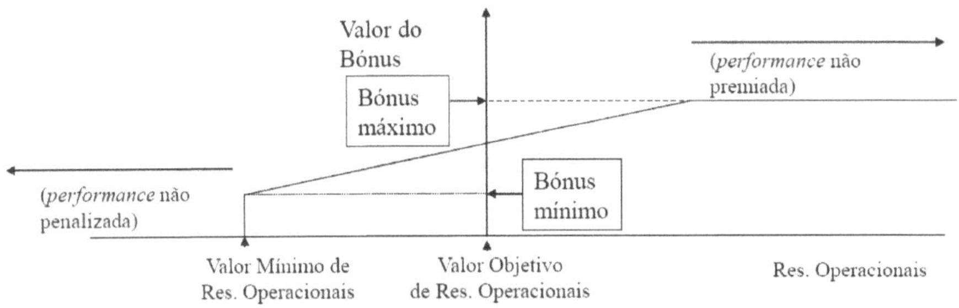

A Figura 7.1 mostra um exemplo hipotético de um sistema de incentivos assente numa métrica financeira (no caso, o EBITDA-Resultados Antes de Encargos Financeiros, Impostos e Amortizações). Assim, este sistema leva a pagamento de uma remuneração variável («bónus») quando se atinge e excede no caso um certo nível pré-determinado de EBITDA, existindo uma «zona de incentivo» que se prolonga até se alcançar um valor de EBITDA que se associa ao valor máximo do bónus anual. A partir desse nível crítico, um desempenho adicional não é premiado, tal como um desempenho abaixo do valor mínimo de EBITDA também não será penalizado.

Os principais problemas que um sistema destes pode revelar na prática podem ser enumerados como segue:

- Medida de *performance* com frequência sem ligação direta à criação de valor para os acionistas. Tal será, por exemplo, e pelos motivos já explicados em Capítulos anteriores, o caso com o Resultado Operacional, EBITDA, Resultado Líquido, ou outros indicadores que não incluam de forma clara os elementos que encontramos no Economic Profit, com destaque especial (como, aliás, assinalam Murphy e Jensen, 2011), para o custo do capital. Num famoso estudo, Jensen e Murphy (1990) mostram evidência de que a relação entre a compensação dos executivos e o desempenho financeiro das empresas é na prática bastante ténue, sendo o maior fator explicativo para as remunerações dos gestores a dimensão da empresa gerida.

- A existência de limites mínimos e máximos para a remuneração variável funcionam como desincentivos à melhoria do desempenho, ou por vezes, e ainda pior, como incentivo para diminuir este por forma, por exemplo, a transferir resultados para o período seguinte;
    - Ex. se o gestor alcançou o objetivo anual de EBITDA já em outubro, ele poderá racionalmente querer evitar o reconhecimento de receitas nos dois últimos meses do ano (talvez até procurando com que os clientes adiem as suas encomendas) para que essas receitas estejam disponíveis no período de avaliação seguinte. Há evidência empírica deste fenómeno ao nível da gestão de topo, e que pode mesmo passar por manipulações contabilísticas – ver, por exemplo, Healy (1985).
- A redefinição anual dos objetivos de desempenho é problemática. De facto,
    - Uma *performance* passada boa pode levar potencialmente a uma indesejável (para o gestor abrangido pelo sistema de incentivos) majoração dos valores dos objetivos posteriores. Tal cria um incentivo para não querer ultrapassar muito os objetivos para não ser «penalizado» por objetivos demasiado elevados no ano seguinte.
    - Já um desempenho passado menos favorável pode significar uma redução (ou mesmo eliminação) da remuneração variável a curto prazo mas também por vezes poderá implicar uma possível redução dos valores objetivos posteriores, tornando mais fácil o alcance futuro de tais objetivos. Se porventura o gestor entender já não ter condições para poder atingir os objetivos mínimos necessários para o recebimento de uma remuneração variável, poderá mesmo, em casos extremos, ostensivamente degradar o desempenho no ano corrente para melhor atingir posteriormente os objetivos do ano seguinte.
    - Adicionalmente, a definição de objetivos desta forma pode mesmo tentar os gestores a procurar todas as vias para os atingir, mesmo que por via de decisões que, aumentando a dimensão da métrica a curto

prazo, destroem valor a longo prazo.[88] E leva com frequência, como refere Jensen (2003), a que os gestores possam estar mais preocupados a pensar em formas de rodear/enganar o sistema (*gaming the system*) do que propriamente com a criação de valor.

    - Nestes contextos, os gestores poderão sentir-se pouco motivados para *performances* excecionalmente positivas e mesmo pretender degradar um desempenho já de si menos favorável. Nessas circunstâncias, é lógico concluir que o alinhamento de interesses poderá sair particularmente prejudicado.

- Um derradeiro problema relaciona-se com o facto de que as remunerações variáveis («Bónus») anuais tendem muitas vezes a ser uma fração relativamente pequena da compensação total de um gestor, pelo que não proporcionam um efeito muito elevado de alavancagem da riqueza deste de forma a proporcionar um adequado alinhamento de interesses com os acionistas.

Um exemplo real de um sistema de incentivos com não-linearidades é apresentado na Figura 7.2.

[88] Por exemplo, com vista a alcançar o objetivo de EBITDA programado para o ano, um gestor poder resolver oferecer grandes descontos no preço dos seus produtos no final de ano (mantendo uma margem bruta positiva, ainda que pequena), levando a que os consumidores antecipem as suas compras do ano seguinte. O efeito, todavia, a prazo será uma redução do valor das vendas (e margens brutas totais) do ano seguinte e possivelmente uma redução permanente de margens operacionais se os consumidores se «habituarem» excessivamente a preços mais baixos. Um outro exemplo poderia ser uma decisão de reduzir custos a curto prazo, diminuindo as despesas de investigação e desenvolvimento ou de formação dos quadros da empresa. Tal poderia melhorar a curto prazo os resultados da empresa, mas ter efeitos muito nefastos a longo prazo sobre a sua rentabilidade futura. Estas situações configuram as chamadas «manipulações reais» de resultados (por oposição às manipulações contabilísticas) e para alguns autores (ex. Roychowdhury, 2006) podem ser mais destrutivas para o valor de uma empresa do que as próprias manipulações contabilísticas, pois podem afetar mais fortemente os seus *cash flows* e, devido à sua natureza, ser menos objeto de atenção por parte de auditores.

Figura 7.2 – Ilustração real de um sistema de incentivo de curto prazo não linear: empresa Strauman (ano de 2016)

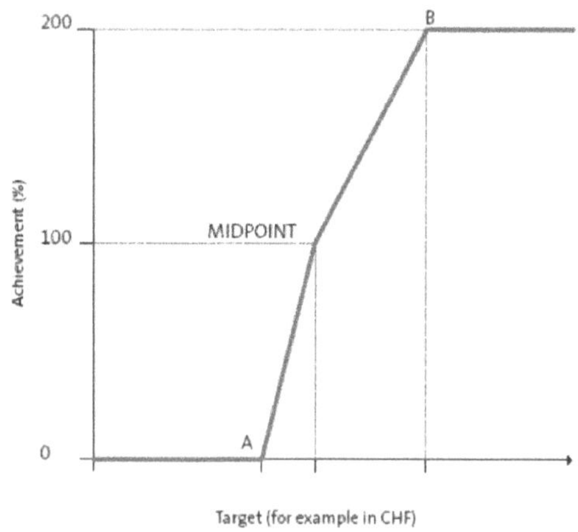

Fonte: Relatório e Contas anuais 2016, Strauman

Conforme revela a figura anterior, a empresa em causa (uma empresa suíça especializada na produção de implantes dentários) define um objetivo financeiro de curto prazo e posteriormente mede o desempenho percentualmente atingido em relação ao objetivo. A remuneração variável torna-se positiva quando o objetivo é atingido entre o ponto A e o ponto B, correspondendo ao ponto A um nível de desempenho de 0% em relação ao objetivo (nível de desempenho de 100%, associado ao denominado *midpoint*) e alcançando um máximo de desempenho possível de 200% (ponto B) acima do qual não há qualquer remuneração adicional. Mais uma vez, trata-se de um sistema «clássico», com as típicas não linearidades acima discutidas.

Assim, em suma podemos dizer que (i) a não-linearidade deste sistema, (ii) o facto de se usar uma métrica pouco razoável de valor criado, (iii) a circunstância de se basear em métricas de curto prazo (tipicamente um ano) em vez de plurianuais/longo prazo, e finalmente (iv) a pouca materialidade da remuneração variável relativamente à compensação total são importantes problemas que merecem uma aprofundada reflexão numa organização. Deste modo, são estas as dificuldades que deveremos tentar ultrapassar na conceção de um sistema de incentivos suscetível de provocar um real alinhamento de interesses com a desejada criação de valor, sustentável e de longo prazo. Esse será o tema da secção seguinte.

7.3. Sistemas de incentivos modernos assentes em Economic Profits ou *value drivers*

Seguindo Young e O'Byrne (2001), um sistema de incentivo moderno baseado em Economic Profits ou *value drivers* pode ser definido de uma forma analítica. Por simplicidade, assumiremos que a métrica a usar no sistema de incentivos apresentado abaixo será o Economic Profit (EP) mas, na verdade, poderíamos estar a considerar qualquer *value driver* relevante e mesmo métricas não financeiras que fossem julgadas relevantes para o desempenho de longo prazo de uma empresa em termos de criação de valor.

Comecemos por definir a seguinte terminologia:

BO = Bónus Objetivo
SB = Salário Base
BG = Bónus Ganho
BP = Bónus Pago
ΔEP = Variação efetiva do EP
EI = Objetivo de Melhoria do EP («expected EP improvement»)
$IntervEP$ = Intervalo de tolerância EP
$PerfEP$ = Índice de Performances EP

O «Bónus Objetivo» referido acima corresponde ao valor da remuneração variável a auferir num certo período no caso em que o objetivo de desempenho seja totalmente alcançado (correspondente, como se verá, a um índice de desempenho de 100%). «O Salário Base» corresponde por sua vez à parcela fixa da remuneração total de um gestor, não variando, por conseguinte, com o nível de desempenho. A sua relevância aqui prende-se apenas com o facto de que pode ser conveniente definir o valor da remuneração variável objetivo como uma percentagem da remuneração total (o que se traduz numa certa percentagem do salário base fixo).

Seguidamente, o sistema de incentivo a descrever aqui fará uma importante distinção entre a remuneração variável ganha («Bónus Ganho») e aquela que será efetivamente paga no período («Bónus Pago»). A filosofia subjacente será que a empresa só irá pagar uma certa remuneração variável ganha no ano se se verificarem condições de sustentabilidade do desempenho registado nesse período. Assim, uma parte da remuneração ganha será cativada numa conta especial (designada de «Bonus Bank»), ficando disponível para os anos seguintes dependendo do desempenho verificado subsequentemente. Um aspeto relevante a mencionar é que o Bónus Ganho tanto pode ser positivo como negativo, implicando que podem ficar registados défices de desempenho que poderão prejudicar os bónus pagos em períodos seguintes (tal como podem ser registados excedentes de desempenho que poderão beneficiar os pagamentos ao gestor no futuro).

Por sua vez, e assumindo que a base aqui seja o Economic Profit (mas de novo, pode ser outro *value driver*, financeiro ou não), o objetivo central do sistema será, não o seu valor absoluto, mas sim a variação esperada («Objetivo de Melhoria do EP», ou EI). Recordando que em muitos sectores será legítimo esperar que o valor do rácio EP/CI seja próximo de 0% a longo prazo, pode ser perfeitamente legítimo, por exemplo, definir um objetivo de atingir um Economic Profit de zero num horizonte de 5 anos quando atualmente a empresa tenha EPs negativos (e também poderia ser justificável o mesmo se a empresa ostenta correntemente um valor temporariamente positivo e julgado insustentável). Assim, periodicamente o EI será comparado com a variação efetivamente corrida no EP («Variação Efetiva do EP», ou ΔEP) e a diferença entre os dois será um dos *inputs* no índice de desempenho («Índice de Performance EP», ou PerfEP). Esse índice será, por sua vez, calculado da seguinte forma:

$$PerfEP = 1 + \frac{(\Delta EP - EI)}{IntervEP} \qquad (25)$$

O parâmetro IntervEP, ou «Intervalo de Tolerância EP» consiste essencialmente numa forma de calibrar a sensibilidade do índice ao desvio de ΔEP em relação a EI. Isso resulta do facto de que um intervalo mais pequeno aumentará o valor do índice para um dado desvio observado no EP em relação ao previsto, assim como um intervalo maior reduzirá essa sensibilidade. Adicionalmente, o Intervalo de Tolerância EP define o leque máximo de valores desfavoráveis para o excesso de variação (definindo esse excesso como a diferença entre ΔEP e EI), compatível ainda assim com a atribuição de um Bónus Ganho positivo. Por outras palavras, um excesso negativo que seja maior em valor absoluto do que o IntervEP definido levará a um Bónus Ganho negativo. Note-se, todavia, que um BG negativo não significa que o gestor terá de «pagar» à empresa mas apenas que fica com um défice no seu Bonus Bank que poderá reduzir o montante das remunerações variáveis positivas a receber no futuro.

A Figura 7.3 resume graficamente as características essenciais deste sistema:

Figura 7.3 – Sistema de incentivos plurianual assente na métrica Excesso de Variação do Economic Profit (ΔEP-EI)

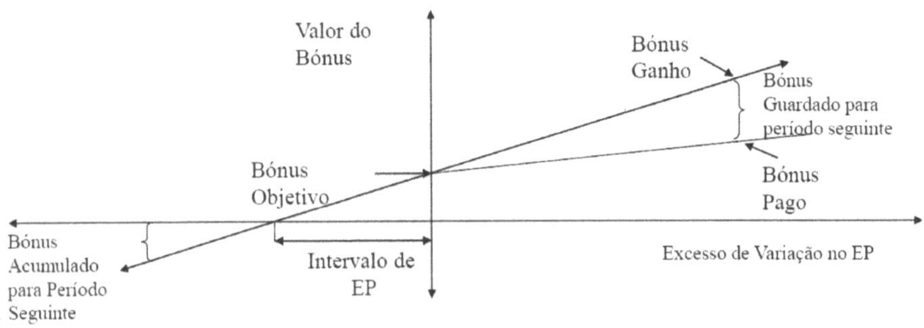

Analisando a Figura 7.3, repare-se que, contrariamente aos sistemas mostrados nas Figuras 7.1 e 7.2, este assenta em comportamentos essencialmente lineares das variáveis apresentadas. Assim, não existe qualquer limite absoluto ao valor dos bónus ganhos ou pagos, mas é patente um controlo da sustentabilidade do desempenho por via da introdução de uma diferença entre o Bónus Pago e o Bónus Ganho. O pagamento efetivo da totalidade dos bónus ganhos é contingente, neste esquema necessariamente plurianual, à continuidade de um hipotético bom desempenho registado num certo ano.

Atente-se assim ao facto de que o Bónus Ganho que corresponda a excessos de variação positivos (ou seja, a uma diferença positiva entre a variação efetiva no EP e a variação esperada) é apenas pago parcialmente, sendo a diferença colocada no Bonus Bank e reservando-se o seu pagamento à observação do desempenho em anos ulteriores. Adicionalmente, é de salientar que, até à concorrência do Bónus Objetivo, não haverá diferença entre o Valor do Bónus Ganho e do Bónus Pago (assumindo que não exista nenhum saldo acumulado no Bonus Bank). Finalmente, é de salientar que se o Intervalo EP for reduzido, então a reta do Bónus Ganho tornar-se-á mais vertical, significando uma maior sensibilidade do BP ao desempenho verificado.

O Bónus Objetivo (BO), por sua vez, pode ser definido de uma maneira simples como sendo uma proporção k (maior ou menor que 100%) do Salário Base (SB) na forma seguinte:

$$BO = k \times SB \quad (26)$$

Por seu lado, o Bónus Ganho (BG) resultará da combinação entre o BO e o Índice de Desempenho PerfEP nos termos da equação que se segue:

$$BG = BO \times PerfEP$$

$$BG = BO \times \left[1 - \frac{(\Delta EP - EI)}{IntervEP} \right] \quad (27)$$

Finalmente, o valor do Bónus Pago (BP) será definido de acordo com a seguinte lógica: o gestor terá direito a que lhe seja totalmente pago o Bónus Objetivo (BO) sempre que atinja ou ultrapasse os objetivos anuais e que não haja um défice acumulado no Bonus Bank (BB). Caso exista então um excesso de desempenho positivo e um saldo favorável no BB, o gestor receberia nesse caso o valor do BO mais uma fração y do saldo remanescente (BB + BG – BO), mantendo-se o resto no Bonus Bank (BB). Independentemente do valor do Bónus Ganho exceder ou não no ano o nível do Bónus Objetivo, caso a combinação do BG com um saldo negativo no BB se traduzir num valor total inferior ao BO, o gestor apenas receberá esse total, mesmo que não chegue ao BO, esgotando o saldo no BB. A ideia é, assim, que, sempre que possível (combinando o saldo do BB com o BG), o gestor deverá receber a totalidade dos montantes a que tem direito até ao momento que o saldo disponível exceda o BO, caso em que apenas recebe o BO mais a fração y do excedente. Finalmente, caso exista uma situação em que o somatório do saldo do BB com o BO seja negativo, o gestor não receberá nesse ano nada (e mantendo-se o saldo negativo acumulado no BB para períodos posteriores).

Ou seja, podemos escrever neste caso que o Bónus Pago (BP) em cada ano pode ser escrito como

$$BP = Max\,[0, BO + Min\,(y \times (BB + BG - BO), (BB + BG - BO)] \quad (28)$$

Note-se na fórmula acima que (i) O BP nunca será negativo, (ii) quando o saldo (BB+BG-BO) seja positivo, o BP incluirá, adicionalmente ao BO, o montante de y vezes esse saldo, e (iii) quando o saldo (BB + BG – BO) for negativo, então será aí atingido o mínimo entre y vezes (BB + BG – BO) e o saldo (BB + BG – BO), situação em que a totalidade do saldo (e não apenas a fração y) será utilizada no apuramento do BP, levando a que seja nesse caso apenas pago o montante BO + (BB + BG – BO) = BB + BG, necessariamente inferior a BO (enquanto esse montante BB + BG for positivo; se for negativo, o BP será zero).

Sem querer complicar excessivamente (adiante apresentaremos exemplos numéricos que clarificarão certamente o funcionamento deste sistema de incentivos), poderíamos construir a seguinte árvore de situações para os valores de Bónus Ganhos e Bónus Pagos:

Figura 7.4 – Árvore de Situações possíveis para Bónus Ganhos e Pagos num sistema plurianual baseado no Excesso de Variação do Economic Profit

$$
BG\begin{cases}
>0\begin{cases}
>BO\begin{cases}
BB>0 \Rightarrow BP=BO+y(BB+BG-BO) \\
BB<0\begin{cases} BB+BG>BO \Rightarrow BP=BO+y(BB+BG-BO) \\ BB+BG<BO \Rightarrow BP=Max(0,BB+BG) \end{cases}
\end{cases} \\
<BO\begin{cases}
BB>0\begin{cases} BB+BG>BO \Rightarrow BP=BO+y(BB+BG-BO) \\ BB+BG<BO \Rightarrow BP=Max(0,BB+BG) \end{cases} \\
BB<0\begin{cases} BB+BG>0 \Rightarrow BP=BB+BG \\ BB+BG<0 \Rightarrow BP=0 \end{cases}
\end{cases}
\end{cases} \\
<0\begin{cases}
BB>0\begin{cases} BB+BG>BO \Rightarrow BP=BO+y(BB+BG-BO) \\ BB+BG<BO \Rightarrow BP=Max(0,BB+BG) \end{cases} \\
BB<0 \Rightarrow BP=0
\end{cases}
\end{cases}
$$

O exemplo numérico 7.1 ajudará a esclarecer estes e outros pontos essenciais do sistema proposto.

Exemplo 7.1 – Exemplo numérico de sistema de incentivos plurianual assente no Excesso de Variação do Economic Profit

Considerem-se os seguintes dados:

SB = Salário Base = 20 000
BO = Bónus Objetivo = 60% × SB = 12 000
y = percentagem de excedente pago = 50%
EI = Objetivo de Melhoria Anual do EP em cada um dos 5 anos do prazo do sistema = 1 000 000
IntervEP = Intervalo de Tolerância EP = 500 000
BB = Bonus Bank (saldo retido para períodos seguintes)
Var. EP = ΔEP = Variação Efetiva ocorrida no EP num certo ano

Tabela 7.1 – Ilustração numérica com Intervalo de Tolerância de 500 000 e Bonus Bank inicial de 0

Ano	BO	EI	Var. EP	Perf EP	BG	BG+BB inic.	BP	BB
0								0
1	12,000	1,000,000	1,500,000	2.00	24,000	24,000	18,000	6,000
2	12,000	1,000,000	-850,000	-2.70	-32,400	-26,400	0	-26,400
3	12,000	1,000,000	-2,800,000	-6.60	-79,200	-105,600	0	-105,600
4	12,000	1,000,000	5,150,000	9.30	111,600	6,000	6,000	0
5	12,000	1,000,000	4,500,000	8.00	96,000	96,000	54,000	42,000
Total	60,000	5,000,000	7,500,000	2.00	120,000		78,000	42,000

Repare-se que da Tabela 7.1. pode retirar-se a ilação de que o objetivo da empresa consiste em melhorar no prazo de 5 anos o valor do seu EP num valor total de 5 000 000. Por razões de simplificação (mas não tinha necessariamente de ser assim), essa melhoria foi repartida linearmente por cada ano (1 000 000 por ano). O desempenho efetivo em cada ano foi bastante oscilante, com variações anuais do EP a situarem-se entre um máximo positivo de 5 150 000 (ano 4) e um mínimo negativo de –2 800 000 (ano 3). O Bonus Bank inicial (do momento zero) é de 0.

Ilustrando os cálculos, comecemos pelo primeiro ano. Nesse ano 1, o desempenho do gestor traduziu-se num valor para o índice PerfEP de

$$PerfEP_{\text{Ano 1}} = 1 + \frac{(\Delta EP - EI)}{IntervEP}$$
$$= 1 + \frac{(150000 - 100000)}{500000}$$
$$= 2.0$$

Por sua vez, o Bónus Ganho nesse primeiro ano ascendeu a

$$\begin{aligned} BG_{\text{Ano 1}} &= BO \times PerfEP_{\text{Ano 1}} \\ &= 12\,000 \times 2.0 \\ &= 24\,000 \end{aligned}$$

Finalmente, e uma vez que o BB inicial era zero e que o desempenho ultrapassou o objetivo anual, o Bónus Pago assumiu o valor de

$$\begin{aligned} BP_{\text{Ano 1}} &= BO + y \times (BB + BG_{\text{Ano 1}} - BO) \\ &= 12\,000 + 50\% \times (0 + 24\,000 - 12\,000) \\ &= 18\,000 \end{aligned}$$

Nessas circunstâncias, o saldo que ficará no Bonus Bank corresponde ao somatório do Bonus Bank inicial com o valor não pago do Bónus Ganho no ano 1, ou seja 0 + 24 000 – 18 000 = 6000. Esse valor será depois considerado no ano seguinte.

No ano 2, o desempenho ficou aquém do esperado. Em resultado disso, o Índice PerfEP atinge o valor negativo de –2.7, a que corresponde um BG igualmente negativo de –32 400. Juntando o saldo do BB do ano anterior (positivo em 6000), ainda assim não chega para garantir um total positivo (já que BB + BG = 6000 – 32 400 = –26 400). O gestor recebe assim nesse ano uma remuneração variável BP de zero, ficando ainda com um défice acumulado no seu Bonus Bank de –26 400.

No ano 3, as coisas degradam-se ainda mais. O índice de desempenho atinge um valor novamente negativo de –6.6, ao que corresponde um BG negativo de –79 200 e um saldo acumulado de BB + BG negativo em –105 600 que ficará retido no Bonus Bank.

Felizmente para o gestor, o ano seguinte regista um desempenho especialmente favorável, traduzido num PerfEP de 9.30 consubstanciado num BG de 111 600. Deduzido o valor do Bonus Bank negativo acumulado nos anos anteriores, sobra –105 600 + 111 600 = 6000. Como se trata de um valor inferior ao Bónus Objetivo anual, esse valor é pago na totalidade ao gestor, levando o BB a apresentar um saldo de zero para o ano seguinte.

Finalmente, no ano 5, a performance do gestor é novamente favorável, com um índice PerfEP a atingir o valor de 8, e com um BG de 96 000. O gestor receberá nesse ano então o valor de

$$\begin{aligned} BP_{\text{Ano 5}} &= BO + y \times (BB + BG_{\text{Ano 5}} - BO) \\ &= 12000 + 50\% \times (0 + 96000 - 12000) \\ &= 54000 \end{aligned}$$

Fica assim nesse ano um Bonus Bank disponível para anos seguintes de 42 000 (= 0 + 96 000 – 54 000).

Repare-se que, analisando a última linha da Tabela 7.1, globalmente a empresa atingiu e ultrapassou os objetivos para o quinquénio: a empresa alcançou uma variação acumulada no EP de 7 500 000 quando tinha o objetivo de apenas aumentar essa métrica em 5 000 000, o índice de desempenho médio global para esses 5 anos foi de 2.0 (média simples dos índices de desempenho anuais), pelo que no mesmo período o gestor teve direito a um bónus ganho global de 120 000 (o dobro do bónus objetivo do período que era 12 000 × 5 = 60 000), dos quais foram pagos 78 000. Se este ciclo quinquenal se repetisse nas mesmas circunstâncias, mas agora à partida com o gestor a contar com um BB positivo no momento zero no valor dos 42 000 atrás calculados, o valor do BP total do período seria bem superior a esses 78 000 (concretamente, seria de 116 250), ainda que não houvesse naturalmente nenhuma alteração no BG total. Ou seja, a existência de um BB positivo ajuda à estabilização dos valores a receber em cada ano num contexto de instabilidade do desempenho financeiro. A Tabela 7.2 mostra essa situação hipotética.

Tabela 7.2 – Ilustração numérica com Intervalo de Tolerância de 500 000 e Bonus Bank inicial de 42 000

Ano	BO	EI	Var. EP	Perf EP	BG	BG+BB Inic.	BP	BB
0								42,000
1	12,000	1,000,000	1,500,000	2.00	24,000	66,000	39,000	27,000
2	12,000	1,000,000	-850,000	-2.70	-32,400	-5,400	0	-5,400
3	12,000	1,000,000	-2,800,000	-6.60	-79,200	-84,600	0	-84,600
4	12,000	1,000,000	5,150,000	9.30	111,600	27,000	19,500	7,500
5	12,000	1,000,000	4,500,000	8.00	96,000	103,500	57,750	45,750
Total	60,000	5,000,000	7,500,000	2.00	120,000		116,250	45,750

É fácil perceber, do funcionamento do sistema descrito, que não existem aqui grandes motivos para que um gestor queira acelerar ou atrasar o desempenho (por exemplo, por manipulações contabilísticas ou manipulações reais de resultados). De facto, ele acabará por ser pago apenas na medida em que o desempenho a longo prazo seja sustentável. Assim, dado que manipulações do tipo indicado acabam por reverter no futuro, o benefício efetivo a curto prazo dessa prática menos louvável será provavelmente pouco aliciante dados os efeitos nos períodos seguintes. Adicionalmente, repare-se que o gestor tem todo o interesse em esforçar-se o mais possível em cada ano para criar valor. De facto, quanto melhor o nível de desempenho que seja registado, maior a tranquilidade que poderá ter em anos seguintes que possam ser mais conturbados em termos de desempenho. Não há assim neste sistema nenhum motivo essencial para deixar de ser exercido o máximo esforço possível desde o dia 1 de janeiro até 31 de dezembro de cada ano, como também não há grande incentivo para decisões com impacto apenas no muito curto prazo e sobretudo cujas consequências possam ser posteriormente revertidas.

Finalmente, note-se, na Tabela 7.3, o que poderia suceder se, com os mesmos dados de variação efetiva no EP, o intervalo de tolerância EP fosse agora aumentado para 1 000 000.

Tabela 7.3 – Ilustração numérica com Intervalo de Tolerância de 1 000 000 e Bonus Bank inicial de 0

Ano	BO	EI	Var. EP	Perf EP	BG	BG+BB inic.	BP	BB
0								0
1	12,000	1,000,000	1,500,000	1.50	18,000	18,000	15,000	3,000
2	12,000	1,000,000	-850,000	-0.85	-10,200	-7,200	0	-7,200
3	12,000	1,000,000	-2,800,000	-2.80	-33,600	-40,800	0	-40,800
4	12,000	1,000,000	5,150,000	5.15	61,800	21,000	16,500	4,500
5	12,000	1,000,000	4,500,000	4.50	54,000	58,500	35,250	23,250
Total	60,000	5,000,000	7,500,000	1.50	90,000		66,750	23,250

A tabela anterior revela que para o mesmo nível de variações efetivas do EP, o índice de desempenho global agora baixa para apenas 1.5. Por outras palavras, o sistema é agora menos sensível ao desempenho, e mais tolerante em relação a afastamentos em relação ao objetivo anual. Em resultado, o gestor ganhou agora um total de 90 000 no período, dos quais recebeu 66 750, enquanto existe presentemente uma menor volatilidade dos valores ganhos e pagos anualmente.

Finalmente, o sistema pode ainda ser calibrado por mais duas variáveis adicionais: a definição do bónus objetivo em função do salário base (alterando a proporção desejada de remuneração variável em relação à compensação total) ou ainda através do parâmetro y que se refere à proporção do excesso de desempenho que será potencialmente paga em cada ano. Por parcimónia, centrando-nos apenas nesta segunda variável, vejamos o que sucederia se a proporção y fosse agora de 75%, mantendo-se o intervalo de tolerância nos 500 000 iniciais (Tabela 7.4):

Tabela 7.4 – Ilustração numérica com Intervalo de Tolerância de 500 000, Bonus Bank inicial de 0 e y de 75%

Ano	BO	EI	Var. EP	Perf EP	BG	BG+BB inic.	BP	BB
0								0
1	12,000	1,000,000	1,500,000	2.00	24,000	24,000	21,000	3,000
2	12,000	1,000,000	-850,000	-2.70	-32,400	-29,400	0	-29,400
3	12,000	1,000,000	-2,800,000	-6.60	-79,200	-108,600	0	-108,600
4	12,000	1,000,000	5,150,000	9.30	111,600	3,000	3,000	0
5	12,000	1,000,000	4,500,000	8.00	96,000	96,000	75,000	21,000
Total	**60,000**	**5,000,000**	**7,500,000**	**2.00**	**120,000**		**99,000**	**21,000**

Conforme se pode retirar da Tabela 7.4, e comparando com a Tabela 7.1, a única diferença reside no maior valor total dos pagamentos efetuados ao gestor, com algum efeito também de redução do saldo positivo disponível no final do período para o Bonus Bank.

A ilustração atrás mostra a flexibilidade que potencialmente pode ser imposta a um sistema deste género, através da calibragem dos fatores (i) percentagem k do Bónus Objetivo em relação ao Salário Base, (ii) Intervalo de tolerância IntervEP e (iii) proporção y do excesso pago.

Essa flexibilidade torna-se importante para assegurar uma maior adaptação possível ao risco e às características gerais do sector (por exemplo, sectores mais voláteis exigirão provavelmente intervalos de tolerância superiores para o IntervEP). Mas também pode ser muito relevante para garantir uma maior correspondência com a efetiva apetência pelo risco e por liquidez da parte do gestor, por forma a que o sistema seja *a priori* mais apelativo para este. Por exemplo, para gestores mais conservadores e mais preocupados com a liquidez das remunerações ganhas, poderá justificar-se proporções k e y respetivamente mais baixas e mais elevadas.

7.4. Limitações de sistemas de incentivo plurianuais assentes em EPs ou *value drivers*

Apresentadas as características de um sistema moderno de remunerações variáveis assentes em métricas de criação de valor com um pendor plurianual e com a inexistência de não-linearidades que possam ser contraprodutivas, haverá que refletir agora sobre algumas potenciais dificuldades e limitações na implementação prática de um tal sistema numa organização.

Desde logo, assinale-se a habitual resistência à mudança em matéria de práticas de gestão. Será muito natural esperar que se os quadros superiores de uma empresa estiverem já habituados a métricas menos exigentes, com menor volatilidade no pagamento das remunerações variáveis e sem elementos de retenção plurianual, a reação será muito provavelmente negativa a um sistema com estas características. Sendo a mais das vezes os sistemas vigentes menos alinhados com a criação de valor sustentável a longo prazo, será um trabalho árduo o gradual envolvimento dos executivos de uma empresa na aceitação de novas regras de avaliação e premeio de desempenho com a natureza aqui proposta.

Segundo, há que reparar que melhorar o Economic Profit (ou os seus *value drivers*) é notavelmente mais difícil e exigente do que melhorar, por exemplo, o EBITDA ou os Resultados Líquidos. Acresce que temos motivos para pensar que, em muitos casos, o valor do EP irá oscilar em torno de zero no longo prazo. Tal tornará por vezes mais frustrantes os resultados de uma análise ao desempenho que possa erradamente assumir a possibilidade de alcançar EPs positivos e crescentes ao longo do tempo. Tal sugere que, desse modo, seja exigível um grande cuidado no estabelecimento de objetivos de melhoria do EP a longo prazo para que não hajam irrealismos suscetíveis de conduzirem posteriormente a frustrações sucessivas por parte dos gestores pelo não alcance das metas almejadas.

Terceiro, surgem as questões do horizonte da análise. Pensando, por exemplo, em áreas de atividades tipicamente cíclicas (por exemplo, a pasta para papel tem ciclos de preços internacionais mais ou menos regulares), pode ser importante que o horizonte do sistema de incentivos seja suficientemente longo para eventualmente cobrir os prováveis períodos de alta e de baixa de um particular mercado em que a empresa se insere. Adicionalmente, a existência de horizontes curtos de análise pode ser um fator desmotivador para a tomada de decisões que tenham consequências muito para além do horizonte de análise, como será o caso de certos investimentos em Ativos Não Correntes (por exemplo, a construção de uma nova unidade fabril). Este problema relaciona-se com um outro, que consiste no facto de que há uma prática quase generalizada em sociedades anónimas de definição de mandatos curtos[89] para os gestores de topo (por exemplo, 3 ou 4 anos), o que constitui um sério revés ao propósito de se querer induzir que as decisões de gestão se pautem por uma visão de longo prazo, que frequentemente vai muito para além do horizonte de um mandato. Nesse contexto, certos autores[90] têm apontado a relevância potencial de participações acionistas por parte dos gestores que, sendo complementares às remunerações variáveis, poderão ajudar a alinhar as decisões de gestores com os interesses de longo prazo da empresa e seus acionistas.[91]

Em quarto lugar, uma dificuldade especial reside nas *start-ups*. Para a esmagadora maioria das novas iniciativas empresariais, o estabelecimento de métricas de desempenho financeiro é não só pouco útil (essas empresas dificilmente atingirão rentabilidades financeiras dignas de registo antes de verem estabilizado o seu negócio), como pode mesmo ser contraproducente. Isso por potencialmente desviar a empresa de atenções mais prioritárias (desenvolvimento de produto/serviço, conquista de mercado, estabelecimento de uma rede de distribuição, recrutamento de pessoal-chave, obtenção de *funding*...). Nesse tipo de empresas, em alguma medida, podemos

[89] O próprio enquadramento legal geralmente incentiva tais mandatos mais curtos.

[90] Ver, por exemplo, Mehran (1995). Contudo, outros estudos, como o de Benmelech *et al.* (2010), consideram que incentivos baseados em ações poderão conduzir em certas situações a enviesamentos na tomada de decisões com consequências indesejáveis para a criação de valor numa empresa.

[91] Uma interessante hipótese nesse caso poderia ser o pagamento de remunerações variáveis sob a forma de ações da empresa, sem a possibilidade da sua alienação a não ser no «longo prazo» (as chamadas *restricted stocks*). Ver, por exemplo, o estudo de Kuang e Qin (2009) sobre o efeito de alinhamento dessa forma de remuneração no Reino Unido. Mas já Bryan *et al.* (2000) observam que as *restricted stocks* podem ser relativamente ineficientes, devido à sua linearidade, em conseguir induzir CEOs que sejam muito conservadores em relação ao risco (comparativamente aos acionistas) a aceitar implementar projetos de maior risco. Poderíamos, todavia, acrescentar aqui que hoje em dia poderia ser bem-vinda essa incapacidade se houver preocupações com algum excesso de riscos assumidos numa empresa!

dizer que o melhor incentivo é o instinto de sobrevivência (e talvez participações acionistas dos executivos-chave no capital dessa empresa). Assim, para esse género de entidades, a questão da criação de valor a longo prazo, nos termos em que a definimos, tornar-se-á porventura uma questão relevante apenas uma vez estabilizada a sua atividade, quando o problema da eficiência da afetação de recursos comece a ser um tema cada vez mais premente para a sustentabilidade da organização.

Finalmente, e citando novamente Clark e Wilson (1961), os incentivos não financeiros podem ser especialmente importantes para certos executivos e em certas culturas, muito para além dos incentivos materiais. Assim, para além da atenção que os aspetos culturais sempre devem merecer no contexto da definição de sistemas de remuneração variável, há que atender ao facto de que pode ser essencial complementar ou combinar os incentivos financeiros com outros não materiais. Tal prática pode revelar-se essencial para conseguir garantir da melhor maneira o desejado alinhamento de interesses não apenas com os acionistas mas também com o interesse geral da organização e dos seus *stakeholders* fundamentais a longo prazo, e de uma forma que seja considerada adequadamente sustentável.[92]

Sumário

- A coerência entre um sistema de incentivos, a métrica de criação de valor adotada e o processo de tomada de decisões de gestão numa empresa, é essencial para a concretização de um Sistema Integrado de Gestão Baseada no Valor que seja eficaz.
- Sistemas de incentivo inadequados podem gerar enviesamentos significativos na tomada de decisões de gestão que podem comprometer a criação de valor de longo prazo e sustentável numa empresa, prejudicando, em última análise, todas as partes interessadas.
- A existência de não-linearidades, como por exemplo limites máximos e mínimos de remunerações variáveis ou outras descontinuidades em sistemas de incentivo correntes, é suscetível de criar enviesamentos e uma

[92] Para a importância dos incentivos não materiais para o desempenho, ver, por exemplo, Appelbaum e Kamal (2000) e Cho *et al.* (2019).

incapacidade de esses sistemas conseguirem assegurar na prática o alcance dos objetivos de longo prazo de uma empresa.

- A não inclusão de uma métrica de valor como o Economic Profit e/ou *value drivers* suficientemente adequados pode igualmente comprometer a implementação de um sistema de incentivos eficaz.
- A não consideração de horizontes temporais plurianuais alargados em sistemas de incentivo podem também implicar sérios problemas no alinhamento de interesses dos gestores com a criação de valor de longo prazo sustentável para todos os *stakeholders* de uma empresa.
- A arquitetura de um sistema de incentivos compatível com o alcance de objetivos de criação de valor sustentável de longo prazo pode passar pela (i) definição de objetivos de melhoria a longo prazo de Economic Profit ou *value drivers*, (ii) instituição de um sistema de Bonus Bank, (iii) inexistência de limites máximos ou mínimos para remunerações variáveis, (iv) introdução de uma distinção entre remunerações ganhas e pagas e (v) inclusão de critérios de sustentabilidade das medidas de desempenho adotadas.

Questões

1. Se num sistema de incentivos baseado no Economic Profit (EP), o parâmetro «intervalo de variação do EP» se reduzir, isso significa que
   a) vai haver maior tolerância da empresa para a atribuição de bónus (ganho) perante um desempenho inferior ao esperado
   b) a sensibilidade da remuneração ganha em relação ao desempenho vai-se reduzir
   c) a sensibilidade da remuneração paga em relação ao desempenho vai-se reduzir
   d) nenhum dos anteriores
2. Em sistemas de incentivo baseados em Economic Profits, foi defendido neste capítulo que esse sistema deveria recompensar gestores
   a) pela obtenção de Economic Profits positivos
   b) pela obtenção de aumentos do Economic Profit
   c) pela obtenção de variações de Economic Profit não inferiores a uma certa variação esperada dessa variável
   d) pela obtenção de variações positivas do Economic Profit

3. O objetivo de um Bonus Bank em sistemas de incentivo é
   a) evitar pagamentos excessivos a gestores com base em resultados de curto prazo sem sustentação
   b) evitar manipulações de resultados
   c) manter uma perspetiva de longo prazo por parte dos gestores
   d) todos os anteriores são objetivos de um Bonus Bank
4. Num sistema moderno de incentivos (para um CEO) do género que foi discutido neste capítulo, qual das seguintes características é considerada indesejável?
   a) que haja um limite para o montante da remuneração variável anual (o «bónus»)
   b) que um indicador fundamental de desempenho («Key Performance Indicator») nesse sistema inclua o Resultado Líquido ou o EBITDA
   c) que todo o valor do bónus ganho em cada ano seja imediatamente pago ao CEO
   d) todas as características anteriores são indesejáveis
5. Num sistema moderno de incentivos baseado no Economic Profit (EP) periodicamente é analisado o desempenho através de uma fórmula que incorpora
   a) a diferença entre o valor absoluto do EP em cada período e o valor absoluto do EP esperado para esse mesmo período
   b) a diferença entre o valor da taxa de crescimento verificada para o EP em cada período e o valor da taxa de crescimento esperada para esse mesmo período
   c) a diferença entre o valor da variação efetivamente ocorrida no EP em cada período e a variação esperada do EP nesse mesmo período
   d) a diferença entre o EP absoluto verificado em cada período e o valor zero que deverá ser esperado necessariamente para cada período
6. Num sistema moderno de incentivos baseados no EP em que existe previamente um Bonus Bank acumulado de anos anteriores (com saldo que pode ser positivo ou negativo),
   a) em caso de um «Índice de Desempenho EP» abaixo de 1, existirá um bónus ganho negativo
   b) em caso de um «Índice de Desempenho EP» abaixo de 0, o bónus ganho será nulo

c) em caso de um «Índice de Desempenho EP» maior do que 1, o bónus pago será sempre positivo
d) nenhum dos anteriores é correto

7. Num sistema moderno de incentivos para um CEO baseados em princípios de Gestão Baseada no Valor (Value Based Management), deverá suceder que
e) não haverá lugar a uma componente de salário fixo
f) deverão ser estabelecidos limites máximos à remuneração variável ganha
g) em caso de alcance de objetivos num certo ano, o gestor deverá sempre receber a totalidade do valor correspondente à remuneração ganha nesse ano
h) nenhum dos anteriores é correto

8. Num sistema moderno de incentivos baseado no Economic Profit,
a) poderá num certo ano haver situações em que o bónus pago seja negativo
b) poderá num certo ano haver situações em que o bónus pago seja superior ao bónus ganho
c) o bónus ganho será sempre nulo ou positivo
d) o bónus ganho nunca pode ser superior ao salário base

9. Se o Bonus Bank no início de um período é 50, o Bónus Objetivo for 80 e o «Índice de Desempenho EP» (PerfEP) do período for de 0.8, com uma percentagem de excesso de bónus a pagar de 50%, então no período em questão ao gestor será pago o valor de
a) 97
b) 64
c) 89
d) Outro valor

10. Num sistema moderno de incentivos baseado no EP periodicamente é analisado o desempenho através de uma fórmula que incorpora
a) a diferença entre o valor absoluto do EP em cada período e o valor absoluto do EP esperado para esse mesmo período
b) a diferença entre o valor da taxa de crescimento verificada para o EP em cada período e o valor da taxa de crescimento esperada para esse mesmo período
c) a diferença entre o valor da variação efetivamente ocorrida no EP em cada período e a variação esperada do EP nesse mesmo período

   d) a diferença entre o EP absoluto verificado em cada período e o valor zero que deverá ser esperado necessariamente para cada período

11. Na lógica do chamado Bonus Bank em sistemas modernos de incentivo,
    a) em determinadas situações os gestores podem receber uma remuneração inferior ao salário base
    b) o valor da remuneração variável pode ser negativo, mas nunca será paga uma remuneração variável inferior ao bónus objetivo
    c) se houver um Bonus Bank negativo no início de um certo período, o gestor nunca poderá receber o bónus objetivo nesse período
    d) nenhum dos anteriores é correto

Soluções

1. d)
2. c)
3. d)
4. d)
5. c)
6. d)
7. d)
8. b)
9. a) Nota: BP = 80 + 50% × (50 + 80 × 0.8 – 80) = 97
10. c)
11. d)

8

Reflexões finais

Gestão Baseada no Valor, Balanced Scorecard e CSR-Corporate Social Responsibility

8.1. Gestão Baseada no Valor, *Stakeholders* e Responsabilidade Social

Chegados a este ponto, e depois de todo o desenvolvimento de conceitos e metodologias de Gestão Baseada no Valor (VBM-Value Based Management) apresentado nos capítulos anteriores, torna-se pertinente retomarmos alguma da discussão inicial a propósito da questão de dever ser ou não a criação de valor um objeto especial de atenção por parte dos responsáveis de uma empresa. Essa reflexão é particularmente relevante num contexto em que a importância de outros *stakeholders* tem vindo a ser cada vez mais realçada na discussão pública e nas recomendações de governo empresarial (ver, por exemplo, o princípio IV emitido pela OCDE em matéria de governo societário) um pouco por todo o mundo.

Céticos dirão que a criação de valor acionista é incompatível com um sentido de responsabilidade social e/ou com o respeito dos interesses de outras partes interessadas (trabalhadores, ambiente, Estado, clientes, fornecedores, comunidades locais, minorias...). As mais das vezes esse tipo de argumentos confunde, contudo, visões míopicas de obtenção de benefícios ou lucros a curto prazo com uma real noção do que é a criação de Valor, que no nosso entender só pode ser entendida, como temos vindo a defender, numa lógica de longo prazo e com preocupações de sustentabilidade a todos os níveis (financeira, ambiental, social, etc.).

Correndo o risco de nos repetirmos, cremos que essa visão está frequentemente ferida de conceções ideológicas apriorísticas, pelo que será útil recorrermos a alguns estudos mais significativos sobre essa matéria.[93, 94]

Criação de valor acionista e bem-estar de trabalhadores

Um estudo especialmente interessante é aquele que foi conduzido por Edmans (2001). Este autor analisou a relação entre a satisfação dos colabores de empresas nos Estados Unidos e a evolução dos retornos acionistas. Criando uma carteira integrando as empresas integrantes da lista de «100 Best companies to work for in America»[95], este autor apresenta evidência de que uma estratégia de investir nessas empresas traria uma rentabilidade anormal (acima do retorno de uma carteira de empresas comparáveis em termos de sector, dimensão e outras características) na casa de 2.1% a 3.5% em termos anuais (para o período de 1984 a 2009). As ilações que se podem retirar desse estudo são que (i) valor acionista e bem-estar de colaboradores estão longe de ser dimensões antagónicas, (ii) o aumento da satisfação dos colaboradores é ele próprio um catalisador da criação de valor acionista, e (iii) a seleção de empresas com base numa das dimensões habituais de Responsabilidade Social (bem-estar dos colaboradores) pode implicar uma melhoria da rentabilidade financeira no investimento em ações.

[93] Como alguém uma vez disse, «In God we trust, all other please bring data». Ou seja, poderemos acreditar em Deus mas todos os demais deverão mostrar dados objetivos para nos convencerem.

[94] Por razões de economia de espaço, falaremos num número limitado de estudos mas fique o leitor tranquilo, pois, para além dos estudos em questão serem retirados das revistas científicas mais reputadas nestas áreas, existem inúmeros outros artigos científicos com conclusões consistentes com as que vão aqui ser apresentadas. Mas admitimos que podem também existir eventualmente outros estudos com alguns resultados contraditórios ou mais ambíguos do que estes.

[95] Traduzindo à letra, «100 Melhores empresas onde trabalhar nos Estados Unidos».

Criação de valor acionista e Responsabilidade Social (CSR-Corporate Social Responsibility)

Um outro trabalho elucidativo é o de Lins *et al.* (2017). Estes autores procuraram estudar os diferentes impactos que a crise financeira de 2008–09 teve em empresas com elevado ou baixo nível de preocupação com matérias de responsabilidade social. Para esse efeito, os autores separaram as empresas em dois grupos, designadamente as caracterizadas por elevada intensidade de envolvimento em CSR e as de baixa intensidade de CSR. Os resultados que Lins *et al.* observam é que, durante o período da crise de 2008–09, as empresas com elevada intensidade em CSR apresentaram rentabilidades acionistas 4 a 7 pontos percentuais superiores às outras, registando ainda melhores níveis de rentabilidade das suas atividades, maiores vendas por colaborador e superior crescimento das suas atividades. Os autores concluem que os maiores níveis de confiança estabelecidos com as várias partes interessadas (*stakeholders*), incluindo os acionistas, construída através de investimentos contínuos em capital social, trazem benefícios especiais quando os mercados e as empresas em geral sofrem um choque externo negativo, como é o caso de uma crise financeira geral.

Num estudo com um contexto bastante distinto, Deng *et al.* (2013) olham para o caso de fusões e aquisições procurando evidenciar se o envolvimento em atividades de CSR cria valor para os acionistas. Para esse efeito, os autores também categorizam as empresas adquirentes como sendo de envolvimento reduzido ou alto em atividades de CSR. Deng *et al.* documentam que o segundo tipo de empresas é muito mais suscetível de receber melhores retornos bolsistas aquando do anúncio da operação de fusão ou aquisição e que os níveis de desempenho pós-fusão são substancialmente superiores aos do primeiro grupo. Adicionalmente, os autores verificam que as operações de fusão e aquisição concretizadas por adquirentes mais envolvidos em CSR tendem a ser realizadas de forma mais rápida e têm uma menor probabilidade de falhar. Globalmente, Deng *et al.* (2013) concluem que o desempenho social de um adquirente é um determinante relevante do desempenho ao nível da criação de valor acionista em processos de fusão e aquisição, suportando a ideia de Jensen (2001), referida no Capítulo 2, da «maximização esclarecida do valor acionista», compatível e conciliável com os interesses a longo prazo das demais partes interessadas (*stakeholders*).

Criação de valor acionista e preocupações ambientais

Semelhante aos estudos anteriores, Jiao (2010) analisa a relação entre a criação de valor acionista e o bem-estar das partes interessadas de uma empresa. Usando dados de uma entidade externa de aconselhamento sobre matérias sociais, este autor desenvolve um índice de bem-estar das partes interessadas que mede o grau em que uma empresa cumpre as expectativas dos seus *stakeholders* (incluindo os seus colaboradores, clientes, comunidades e ambiente). O autor constata a existência de uma forte relação positiva entre esse índice de bem-estar de *stakeholders* e medidas de criação de valor (através do chamado Tobin Q, uma forma da relação, discutida no Capítulo 3, do rácio Valor/Capital Investido). Concretamente, Jiao observa que um aumento de 1 no índice de satisfação dos *stakeholders* leva a uma melhoria de 0,587 no rácio Tobin Q. Uma observação interessante feita por esse autor é que o efeito do índice sobre o valor varia consoante o tipo de *stakeholder*, sendo que os principais responsáveis por esse impacto são o nível de bem-estar dos colaboradores e o desempenho ambiental. A conclusão de Jiao é que a prossecução de objetivos de responsabilidade social não deriva de benefícios pessoais usufruídos pelos gestores com o alcance desses objetivos, mas sim de decisões que procuram, de uma forma racional e sustentável, a criação de valor acionista.

Num sentido semelhante, Al-Najjar e Anfimiadou (2012) apresentam evidência, recolhida no Reino Unido, de que empresas com maiores níveis de eficiência ecológica apresentam maiores valores de mercado do que outras sem estratégias ambientais comparáveis. Igual conclusão é atingida por Sinkin *et al.* (2008), que mostram evidência empírica de que empresas mais eco-eficientes apresentam menores custos, maiores lucros e maiores valores de mercado do que empresas congéneres menos eficientes no domínio ambiental.

Em conclusão, parece-nos adequado poder concluir dos estudos acima apresentados (e muitos outros que também poderíamos listar) que questões de responsabilidade social e de preocupação com os interesses dos *stakeholders* podem ser entendidas como fazendo *good business sense*. E, em certo sentido, é fácil admitir que assim seja. Podemos na verdade pensar que práticas de CSR podem aportar valor para uma empresa pelo menos por quatro vias: (i) através da maior facilidade com que promove o recrutamento e a retenção de recursos humanos mais qualificados, atraídos pelo apelo das práticas de CSR da empresa, (ii) por uma questão de gestão de riscos (reduzir risco de escândalos e acidentes que podem prejudicar gravemente a imagem da empresa), (iii) através da diferenciação da marca e da imagem da empresa junto dos seus clientes no mercado e (iv) evitando a possibilidade de uma intervenção governamental ou regulatória que pode ser custosa para uma empresa e que poderia ocorrer na ausência de preocupações de índole não financeira, como seria o caso de questões ambientais, igualdade de género, etc.

Por outras palavras, essas preocupações com partes interessadas e CSR poderão ser não apenas compatíveis com, mas mesmo um fator determinante, da própria criação de valor sustentável e de longo prazo. E, como afirmam Lins *et al.* (2017), o estabelecimento de laços de confiança entre os vários *stakeholders* pode ser uma condição verdadeiramente essencial para o objetivo de criação duradoura de valor que possa permitir aumentar de forma sustentável um «bolo» corporativo de forma a que cada parte interessada tenha uma fatia justa e equilibradamente crescente.

8.2 Gestão Baseada no Valor e Balanced Scorecard: como se encaixam?

Um ponto final que gostaríamos de abordar é a relação entre as práticas de criação de valor preconizadas nos vários capítulos desta obra e o chamado BS-Balanced Scorecard (ver, por exemplo, Kaplan, 2009, ou Kaplan e Norton, 2005). Muito popular nos meios da gestão empresarial, de uma forma simples o BS pode ser encarado como um sistema de gestão e controlo de uma empresa que procura dar um foco da atenção da gestão a indicadores sobretudo de índole não financeira. Esses são os chamados *leading indicators*, ou indicadores avançados, do sucesso futuro da empresa, como, por exemplo, a qualidade do produto, a satisfação dos clientes, o nível de desperdícios, o bem-estar dos colaboradores, o tempo de entrega dos produtos, etc. Em contraste, no BS os indicadores financeiros são vistos como *lagging indicators*, ou seja, indicadores de desempenho desfasados, pois que retratam *a posteriori* os efeitos de atuações ou decisões passadas.

Significará então que a adoção de sistemas de BS implica a eliminação ou menorização da importância de indicadores de criação de valor como os desenvolvidos nos capítulos anteriores? Cremos naturalmente que não. Em primeiro lugar, atente-se à consistência conceitual do Economic Profit «sustentável e de longo prazo» com os propósitos, igualmente de longo prazo, que presidem à construção do conceito de Balanced Scorecard. Na verdade, poderíamos mesmo dizer que o conceito de Economic Profit pode ser um fator «unificador» num sistema de BS. De facto, por um lado, é perfeitamente admissível, num contexto de Gestão Baseada no Valor, que indicadores não financeiros possam ser francamente úteis e essenciais enquanto fatores-chave de criação de valor a longo prazo (*key value drivers*). Por outro lado, o Economic Profit permite dar coerência a um sistema de BS porquanto clarifica que, a longo prazo, investimentos em qualidade, serviço ao cliente, tecnologia, etc., não são geralmente um fim em si, mas fazem sentido se, em última análise, permitirem a criação de valor sustentável a longo prazo. Assim, a adoção na esfera do Balanced Scorecard de métricas conceitualmente superiores em matéria de medição de criação de valor (por oposição a muitas das que são usadas na prática como EBITDA, resultados líquidos, lucros por ação, etc.) permite a longo prazo uma efetiva coerência com os propósitos últimos do Balanced Scorecard e com os objetivos mais abrangentes de uma organização empresarial.

Sumário

- Existem argumentos para sugerir que os interesses dos acionistas podem ser compatibilizados a longo prazo com os de outras partes interessadas, como é o caso dos colaboradores de uma empresa, dos seus clientes, fornecedores, ambiente, Estado, comunidades locais e instituições financiadoras.
- Existem estudos empíricos que apresentam resultados consistentes com a ideia de que a maximização «esclarecida do Valor Acionista» sugerida por Jensen (2001) é compatível e conciliável com os interesses a longo prazo das demais partes interessadas (*stakeholders*).
- A criação de valor sustentável a longo prazo pode ocorrer em simultâneo com preocupações de índole ambiental e de responsabilidade social, e mesmo ser potenciada por atuações empresariais consistentes com estas.
- As críticas mais usuais à utilização de critérios de criação de valor acionista na definição de objetivos empresariais são normalmente críticas à consideração de horizontes de curto prazo e não devem confundir-se com

críticas à criação de valor sustentável de longo prazo que pode ser vista como benéfica para toda a sociedade.

Questões

1. De acordo com evidência discutida neste capítulo sobre CSR (Corporate Social Responsibility) e VBM (Value Based Management),
   a) o desempenho financeiro e o CSR podem estar positivamente correlacionados
   b) a adoção de VBM leva à adoção de práticas de CSR
   c) o desempenho financeiro reduz-se quando as empresas adotam práticas de CSR
   d) empresas que adotam VBM geralmente não têm (ou eliminam) práticas de CSR
2. Foi argumentado neste capítulo que
   a) o Balanced Scorecard não é compatível com a utilização do Economic Profit
   b) o Economic Profit deve substituir a generalidade dos indicadores não financeiros usados no Balanced Scorecard
   c) não há situações de Balanced Scorecard onde o EP esteja presente
   d) nenhum dos anteriores é correto

Soluções

1. a)
2. d)

Referências

Afshar, K. A., Taffler, R. J., & Sudarsanam, P. S. (1992). The effect of corporate divestments on shareholder wealth: The UK experience. *Journal of Banking & Finance*, 16(1), 115-135.

Al-Najjar, B., & Anfimiadou, A. (2012). Environmental policies and firm value. *Business Strategy and the Environment*, 21(1), 49-59.

Alves, C., C. Ribeiro, J. Farinha e R. Alves (2020), *Cálculo Financeiro Aplicado*, 2.ª Edição, Edições Almedina.

Appelbaum, S. H., & Kamal, R. (2000). An analysis of the utilization and effectiveness of non-financial incentives in small business. *Journal of Management Development*.

Benmelech, E., Kandel, E., & Veronesi, P. (2010). Stock-based compensation and CEO (dis) incentives. *The Quarterly Journal of Economics*, 125(4), 1769-1820.

Berle, A. A., & Means, G. C. (1932). *The Modern Corporation and Private Property*. New Brunswick. NJ: Transaction.

Bhagat, S., & Bolton, B. (2014). Financial crisis and bank executive incentive compensation. *Journal of Corporate Finance*, 25, 313-341.

Blume, M. E. (1971). On the assessment of risk. *Journal of Finance* 26, pp. 1-10.

Bruner, R. F., Eades, K. M., Harris, R. S., & Higgins, R. C. (1998). Best practices in estimating the cost of capital: survey and synthesis. *Financial Practice and Education*, 8, 13-28.

Bryan, S., Hwang, L., & Lilien, S. (2000). CEO stock-based compensation: An empirical analysis of incentive-intensity, relative mix, and economic determinants. *The Journal of Business*, 73(4), 661-693.

Cho, M., Ibrahim, S., & Yan, Y. (2019). The use of nonfinancial performance measures in CEO bonus compensation. *Corporate Governance: An International Review*, 27(4), 301-316.

Clark, P. B., & Wilson, J. Q. (1961). Incentive systems: A theory of organizations. *Administrative Science Quarterly*, 129-166.

Coase, R. H. (1937). *The Nature of the Firm. Origins, Evolution, and Development.* Nova Iorque, Oxford, 18-33.

Collins, J. (2001). *Good to Great-(Why some companies make the leap and others don't)*, 1st Edition, Harperbusiness.

Deng, X., Kang, J. K., & Low, B. S. (2013). Corporate social responsibility and stakeholder value maximization: Evidence from mergers. *Journal of Financial Economics*, 110(1), 87-109.

Edmans, A. (2011). Does the stock market fully value intangibles? Employee satisfaction and equity prices. *Journal of Financial Economics*, 101(3), 621-640.

Edwards, E. O., & Bell, P. W. (1961). *The theory and measurement of business income.* Univ of California Press.

Eisenhardt, K. M. (1989). Agency theory: An assessment and review. *Academy of Management Review*, 14(1), 57-74.

Farinha, J. (1993), A Avaliação de Empresas. *Revista de Contabilidade e Comércio*, 199, 419-443.

Farinha, J. (1995). *Análise de rácios financeiros – uma perspectiva crítica.* Coleção Opúsculos do IESF, nr. 19, Edições Asa.

Forbes Magazine (2003), The EBITDA folly, 17.03.2003.

Fortune Magazine (1993), The real key to creating wealth, 20.09.1993.

Galagedera, D. (2007). A review of capital asset pricing models. *Managerial Finance* 33, nr. 10, pp. 821-832.

Hamada, R. S. (1972). The effect of the firm's capital structure on the systematic risk of common stocks. *The Journal of Finance*, 27(2), 435-452.

Hamilton, R. (1777). *An introduction to merchandize*, 1st Edition.

Healy, P. M. (1985). The effect of bonus schemes on accounting decisions. *Journal of Accounting and Economics*, 7(1-3), 85-107.

Jensen, M. (2001). Value maximisation, stakeholder theory, and the corporate objective function. *European Financial Management*, 7(3), 297-317.

Jensen, M. C. (2003). Paying people to lie: The truth about the budgeting process. *European Financial Management*, 9(3), 379-406.

Jensen, M. C., & Meckling, W. H. (1976). Theory of the firm: Managerial behavior, agency costs and ownership structure. *Journal of Financial Economics*, 3(4), 305-360.

Jensen, M. C., & Murphy, K. J. (1990). Performance pay and top-management incentives. *Journal of Political Economy*, 98(2), 225-264.

Jensen, M. C., & Ruback, R. S. (1983). The market for corporate control: The scientific evidence. *Journal of Financial Economics*, 11(1-4), 5-50.

Jiang, B., & Koller, T. (2007). *How to choose between growth and ROIC*. The Mckinsey Quarterly.

Jiao, Y. (2010). Stakeholder welfare and firm value. *Journal of Banking & Finance*, 34(10), 2549-2561.

Jordan, C. E., & Clark, S. J. (2004). Big bath earnings management: the case of goodwill impairment under SFAS No. 142. *Journal of Applied Business Research* (JABR), 20(2).

Kaplan, R. S. (2009). Conceptual foundations of the balanced scorecard. *Handbooks of Management Accounting Research*, 3, 1253-1269.

Kaplan, R. S., & Norton, D. P. (2005). The balanced scorecard: measures that drive performance. *Harvard Business Review*, 83(7), 172.

Kraus, A., & Litzenberger, R. H. (1973). A state-preference model of optimal financial leverage. *The Journal of Finance*, 28(4), 911-922.

Kreitzman, K., & Williams, M. A. (2008). Estimating market power with economic profits. SSRN-Social Sciences Research Network, disponível em https://papers.ssrn.com/sol3/papers.cfm?abstract_id=1167823

Kuang, Y. F., & Qin, B. (2009). Performance-vested stock options and interest alignment. *The British Accounting Review*, 41(1), 46-61.

Lee, W. Y., & Barker, H. H. (1977). Bankruptcy costs and the firm's optimal debt capacity: a positive theory of capital structure. *Southern Economic Journal*, 1453-1465.

Lins, K. V., Servaes, H., & Tamayo, A. (2017). Social capital, trust, and firm performance: The value of corporate social responsibility during the financial crisis. *The Journal of Finance*, 72(4), 1785-1824.

Marshall, A. (1890), *Principles of Economics*, 1st Edition, Macmillan & Co, Ltd.

Martin, J. D., & Petty, J. W. (2001). *Value based management: the corporate response to the shareholder revolution*. Oxford University Press.

McKinsey & Company, Ltd (2020), *Corporate Long Term Behavior: How CEOs and Boards drive sustained value creation*, October 2020.

Mehran, H. (1995). Executive compensation structure, ownership, and firm performance. *Journal of Financial Economics*, 38(2), 163-184.

Mitnick, B. M. (2015). Agency theory. *Wiley Encyclopedia of Management*, 1-6.

Modigliani, F., & Miller, M. H. (1963). Corporate income taxes and the cost of capital: a correction. *The American Economic Review*, 53(3), 433-4.

Murphy, K. J., & Jensen, M. C. (2011). CEO bonus plans: And how to fix them. Harvard Business School NOM Unit Working Paper, 12-22.43.

OECD (2015), G20/OECD Principles of Corporate Governance, OECD Publishing, Paris. Acessível em http://dx.doi.org/10.1787/9789264236882-en

Passov, R. (2003). How much cash does your company need?. *Harvard Business Review*, 81(11), 119-119.

Peasnell, K. V. (1982). Some formal connections between economic values and yields and accounting numbers. *Journal of Business Finance & Accounting*, 9(3), 361-381.

Perold, A. F. (2004). The capital asset pricing model. *Journal of Economic Perspectives*, 18(3), 3-24.

Pike, R. (1996). A longitudinal survey on capital budgeting practices. *Journal of Business Finance & Accounting*, 23(1), 79-92.

Preinreich, G. A. (1936). The fair value and yield of common stock. *Accounting Review*, 130-140.

Rangel, A. (2005), Desinvestimentos: causas e efeitos em Portugal, *Cadernos do Mercado de Valores Mobiliários*, nr. 22, pp. 121-138.

Roychowdhury, S. (2006). Earnings management through real activities manipulation. *Journal of Accounting and Economics*, 42(3), 335-370.

Ryan, P. A., & Ryan, G. P. (2002). Capital budgeting practices of the Fortune 1000: how have things changed. *Journal of Business and Management*, 8(4), 355-364.

Serrasqueiro, Z., & Caetano, A. (2015). Trade-Off Theory versus Pecking Order Theory: capital structure decisions in a peripheral region of Portugal. *Journal of Business Economics and Management*, 16(2), 445-466.

Shleifer, A., & Vishny, R. W. (1997). A survey of corporate governance. *The Journal of Finance*, 52(2), 737-783.

Vermaelen, T. (1981). Common stock repurchases and market signalling: An empirical study. *Journal of financial economics*, 9(2), 139-183.

Wells, P. (2002). Earnings management surrounding CEO changes. *Accounting & Finance*, 42(2), 169-193.
Young, S. D., & O'Byrne, S. F., (2001). *EVA and value-based management.* McGraw-Hill Professional Publishing.